Os 7 PRINCÍPIOS DA LIDERANÇA

Comportamentos e atitudes que todo líder deve conhecer

JÚLIO CÉSAR MEDEIROS DA SILVA PEREIRA

Copyright © 2022 Júlio César M. da S. Pereira

Todos os direitos reservados.

OS 7 PRINCÍPIOS DA LIDERANÇA: Comportamentos e atitudes que todo líder deve conhecer

ISBN: 9781983217517

Os 7 PRINCÍPIOS DA LIDERANÇA

Comportamentos e atitudes que todo líder deve conhecer

JÚLIO CÉSAR MEDEIROS DA SILVA PEREIRA

Os 7 Princípios da Liderança: Comportamentos e atitudes que todo líder deve conhecer

Copyright© By Júlio César M. da S. Pereira

20022.

Produção e Publicação independentes
Revisão: Marcos Ebenézer **Organização e produção:**

Júlio César Medeiros da S. Pereira
**Impressão e Acabamento: Capa:
Pollyana Designer**

P 436a.
Pereira, Júlio César Medeiros da Silva.
Os 7 Princípios da Liderança: Comportamentos e atitudes que todo líder deve conhecer. (Série A Excelência do Ministério)
Selo editorial: Independently published
82 fls.
    1.   Liderança, 2. Gerenciamento, 3. Desenvolvimento Pessoal.

Índice para catálogo sistemático:
CDD 240

OS 7 PRINCÍPIOS DA LIDERANÇA: Comportamentos e atitudes que todo líder deve conhecer

DEDICATÓRIA

Dedico este livro a minha amada esposa, Cristiana, compenheira, esposa, amiga e mãe dos meus filhos.

CONTEÚDO

Sumário

- CAPÍTULO 1. DEFINIÇÃO DE PRINCÍPIOS E VALORES 3
- CAPÍTULO 2. PRINCÍPIO # 1: SERVIÇO 7
- CAPÍTULO 3. PRINCÍPIO # 2: ÉTICA 16
- CAPÍTULO 4. PRINCÍPIO #3: CARÁTER 28
- CAPÍTULO 5. PRINCÍPIO #4: UNÇÃO 33
- CAPÍTULO 6. PRINCÍCPIO #5: CRITÉRIO 39
- CAPÍTULO 7. PRINCÍPIO # 6: OBEDIÊNCIA 44
- CAPÍTULO 8. PRINCPIO # 7: AMOR 50
- CAPÍTULO 8. ÚLTIMOS CONSELHOS 54
- Conclusão 63
- SOBRE O AUTOR 64
- BIBLIOGRAFIA 65

AGRADECIMENTOS

Agradeço à Deus pela força, sabedoria e paciência necessária para a construção e a elaboração desta obra, sem sua Graça nada, nem uma folha sequer seria possível.

Agradeço aos meus alunos do curso diaconal que foram os primeiros com os quais compartilhei as primeiras ideias sobre liderança. Eles me ouviram atentamente e foram o meu termômetro, meu feedback em relação à aplicação dos princípios da liderança aplicáveis. Em outras palavras, diríamos que foram minhas "cobaias" no bom sentido, mas a notícia boa é que eles não só sobreviveram, como também foram muito abençoados assim como eu espero que você, amado(a) leitor(a) também seja amplamente abençoado.

Agradeço a minha família pelo apoio em especial a minha amada esposa Cristiana Pereira, amiga, companheira e amante de longa data. Devo a ela, por sua compreensão e amparo, como algo fundamental para que eu pudesse ter a tranquilidade para escrever, revisar, lecionar, editar, revisa outra vez, várias e várias vezes, muitas e longas noites. Somente o amor é capaz de dar o suporte para obras assim.

Agradeço a você amado(a) leitor(a), sem você do outro lado, lendo este material, ou me assistindo nos seminários que leciono nada disto faria sentido, além do mais, você é razão de tudo isto que aqui está, e espero que ele venha ajudá-lo(a) de forma sobrenatural e que os Princípios da Liderança venham ser utilizados em sua vida para o seu crescimento ministerial, pois esta é a vontade do vosso pai, que cresçamos e que venhamos a dar fruto e que o nosso fruto permaneça (Jo 15.16)

Agradeço a todos que colaboraram de alguma forma para construção deste trabalho, embora não citados, sei que muitos foram os que oraram para que eu pudesse chegar ao fim deste trabalho.

A todos o meu muito obrigado.

Júlio César Medeiros, Pr, Dr.

INTRODUÇÃO

Por que escrevo este livro? Escrevo porque acredito que todo cristão é um líder em potencial. Dentro dele existe a semente capaz
de liderar e conduzir o mundo a uma vida mais excelente em Cristo. Ele mesmo nos chamou para este tarefa, pois disse aos discípulos que eles eram o sal da terra e a luz do mundo (Mt.5.13), ora, o sal nada mais faz do que dar sabor, onde o sal está ele altera o sabor, dá gosto dá o tom, ele transforma o ambiente. A luz também possui um papel preponderante nas relações sociais, sem ela nada se faz, ela é necessária para a vida e a existência. É impossível imaginar que poderíamos viver sem ela.
Logo, sal e luz são exemplos que gosto de usar para exemplificar a liderança. O líder dá sabor à vida, altera ambientes de derrota para ambientes de possibilidades, como luz ele lidera multidões, aponta caminhos, ilumina escolhas e torna a vida possível em sociedade. Se o cristão é sal e luz, logo ele é um líder porque influência.
No mundo existem três grupos de pessoas, as que não se movem, as que se movem e as que movem os outros. As que não se movem são aquelas que preferem reclamar a tomar uma atitude, são os críticos de plantão, acham problema em tudo, só não o resolvem. Preferem cruzar os braços e esperar por uma solução.
O segundo grupo são as que se movem. Estas se mexem quando é necessário, fazem o que tem de ser feito, lutam conquistam e não se acomodam com os seus problemas e limitações, louvo a Deus pela vida deles. Mas o terceiro grupo são de pessoas diferenciadas, são aqueles que não apenas se mexem, lutam e se esforçam pela mudança, como também são capazes de movimentar os outros. Se você quer fazer parte deste terceiro tipo de pessoa este livro é para você. Alguém que sente um chamado específico para liderar, um impulso sobrenatural para trabalhar para Deus motivando outras pessoas.
Este livro irá mostrá-lo(a) como a liderança se baseia em princípios bíblicos que irão ajudá-lo nesta tarefa de liderar pessoas a descobrirem todo o seu potencial.
Convido a você a mergulhar comigo na Palavra de Deus, fonte de onde

procurei extrair alguns princípios fundamentais que todos os líderes deveriam conhecer a fim de desenvolverem seus talentos e dons de forma a agradarem a aquele que os chamou para esta tão grande obra.

Tenho certeza de que eles serão ferramentas que irão potencializar o seu chamado, a semente, Deus já plantou em você e o fato de você adquirir este material é prova disto. Por isto, oro para que ele seja uma ferramenta útil no seu ministério e que você possa ser daqueles que movem os outros.

CAPÍTULO 1. DEFINIÇÃO DE PRINCÍPIOS E VALORES

Os princípios perfazem a base da nossa existência social. Eles são, na verdade, os pilares que orientam os comportamentos que ajudam o líder a agir em determinadas questões de acordo com a justiça, igualdade, dever e liberdade. Os valores, por outro lado, estão mais associados às escolhas que fazemos. Trata-se de crenças que são aprendidas no meio social e que são compartilhadas por membros de um dado grupo, são os valores que definem o que é certo e errado.

Assim, podemos dizer que os princípios são o Norte de nossa bussola comportamental. São leis naturais claras e consistentes, que não mudam, não se alteram de acordo com as circunstâncias e funcionam como fundamentos para a manutenção de uma dada cultura ética.

Na hora de tomar decisões, o líder precisa se orientar por eles. As decisões que tomam na hora de enfrentar situações difíceis mesmo que nunca tenham enfrentado tal situação antes. Ele saberá como agir, desde que ele siga os princípios que antes foram estabelecidos. Além disso, os princípios ajudam a estruturar as relações sociais, a comunicação e os hábitos não apenas no âmbito profissional, mas também em seu dia a dia.

Por outro lado, os valores se diferem dos princípios, pois eles baseiam-se nas escolhas feitas pelos líderes, e são influenciados pelos agentes externos ou cultura de um determinado povo. Os valores são subjetivos e internos, pois nascem da nossa experiência com o meio social e é apreendido através da família, da escola, da faculdade e da religião se segue.

EXEMPLO DA DIFERENÇA ENTRE PRINCÍPIOS E VALORES EM UMA EMPRESA

- **Princípios**: relacionam-se a aspectos como responsabilidade social e lealdade;
- **Valores:** Relacionam-se a questões de competitividade, inovação e rentabilidade.

Algumas empresas divulgam seus valores para os clientes, tais como fez uma certa empresa de segurança:

- Compromisso e responsabilidade;

- Competência e inovação;

- Interação socioambiental;

- Parceria de respeito com clientes e colaboradores;

- Foco nos resultados;

- Estratégia e competitividade ética

Repare que tais quesitos relacionam-se à interação entre o social, daquilo que determinado grupo acha certo, como por exemplo: a interação socioambiental. Alguns acreditam que é partir daí que se cria a ética de tais empresas. Eles mudam de lugar para lugar e de país para país e assim por diante.

Os valores de uma empresa, diferentemente dos princípios, são universais e absolutos e constituem os limites específicos que devem ser respeitados por quem o adota. Como certa empresa assim elencou:

- Aqui damos oportunidades iguais a todos os funcionários independentemente do sexo do funcionário;

- Não toleramos nenhum tipo de assédio e/ou bullying;

- Nesta empresa primamos pela responsabilidade e a verdade de nossas práticas financeiras.

Note que os enunciados acima não são subjetivos. Eles são corretos e devem ser aplicados em todos os lugares independentemente da cultura que se tenha, pois discriminar pessoas ou praticar assédio é uma atitude errada em qualquer lugar, não é uma questão de interpretação, nem visão de mundo, mas de se agir da forma correta.

Então, podemos dizer que os princípios se relacionam com o caráter.

Você conhece o caráter de uma empresa pelos princípios que ela emprega, e você conhece o caráter de um líder pelos princípios que ele adota.

Pois bem, e por que estamos falando tudo isso sobre os valores e princípios? é que um líder precisa ter seus valores, e adotar princípios. Os valores se baseiam em suas crenças e os princípios, uma vez bem definidos o guiarão ao seu objetivo. **Deus também trabalha com princípios.**

> *"Presta deveras atenção às minhas palavras. Inclina teu ouvido às minhas declarações. Não se afastem elas dos teus olhos. Guarda-as no meio do teu coração. Porque são vida para os que as acham e saúde para toda a sua carne" (Pv. 4.20.22)*

A citação do livro de Provérbios, vista acima, expressa um dos princípios Divino: A obediência a sua Palavra traz saúde para os que a praticam. Isto é um fato, é imutável assim como a sua palavra "Secou-se a erva verde, murchou a flor; mas, quanto à palavra de nosso Deus, ela permanecerá para sempre." Eles, os princípios, constituem a base para as leis.

Regras humanas, que tendem a ser específicas, talvez se apliquem apenas a determinado tempo ou situação, mas os princípios de Deus são eternos. (Salmo 119:111) Os princípios Divinos não passam, não ficam fora de moda, ou perdem a validade, pois eles revelam o seu caráter. Assim como você conhece a Deus através da revelação dos seus princípios contidos na sua Palavra, você conhece um líder pelos princípios que ele adota em sua vida.

Este livro trata justamente sobre isso, sobre os princípios da liderança. Regras que devem ser guardadas pelo líder a fim de que tenha sucesso em sua missão. São quesitos fundamentais os quais o líder não poderá abrir mão em sua jornada de liderança. Eles o ajudarão a tomar decisões em momentos difíceis, a fazer escolhas em momentos de insegurança e, principalmente, a não ficar vulnerável diante de situações aparentemente sem saída, em que será preciso que se adote uma estratégia clara e precisa a fim de não prejudicar os seus liderados nem comprometer o seu trabalho. É disto que trata este livro, estes são os princípios da liderança.

> Reflexão:
>
> ✓ Quais os valores que têm norteado a sua vida?
>
> ✓ Como líder, qual seria a importância dos princípios em suas ações?
>
> ✓ Você considera que a crise de liderança surgida nos últimos anos tenha algo a ver com a falta de princípios e valores de nossa

CAPÍTULO 2. PRINCÍPIO # 1: SERVIÇO

"Depois, falou o SENHOR a Moisés, naquele mesmo dia, dizendo:
Sobe o monte de Abarim, o monte Nebo, que está na terra de Moabe, defronte de Jericó, e vê a terra de Canaã, que darei aos filhos de Israel por possessão.
E morre no monte, ao qual subirás; e recolhe-te ao teu povo, como Arão, teu irmão, morreu no monte de Hor e se recolheu ao seu povo,
Porquanto prevaricastes contra mim no meio dos filhos de Israel, nas águas da contenção, em Cades, no deserto de Zim, pois me não santificastes no meio dos filhos de Israel.
Pelo que verás a terra diante de ti, porém não entrarás nela, na terra que darei aos filhos de Israel." (Dt. 32:48-52)

A Liderança talvez seja um dos quesitos mais importantes que o cristão possa ter. Esta importância está carregada também por uma grande responsabilidade. O texto acima é dramático.

Deus fala com líderes! Moisés, ao fim dos seus cento e vinte anos terminava a sua brilhante carreira de forma melancólica.

Impedido de entrar na terra prometida, de cima do monte Nebo, apenas contempla a promessa de Deus, sem, contudo, poder tomar posse dela.

Não é de se espantar o caso de muitos líderes que, hoje, também não conseguem chegar bem ao final das suas jornadas. Não que Moisés tenha tido a sua imagem diminuída por conta disto. Pelo contrário, na verdade, sabemos que Deus o preservou do que ele teria visto caso tivesse ele entrado na terra prometida: o povo corrompido, sem tomar posse totalmente das promessas de Deus. Mas o fato é que Moisés desejava em seu coração entrar na terra que manava leite e mel, e por conta de um deslize, segundo as Escrituras, ele não pode concretizar o seu desejo.

Ainda hoje, não é assim? Quantos líderes Desiludidos e perplexos diante do fracasso amargam a dor de não terem levado as suas tarefas até o final.

O presente capítulo procura indicar as principais ferramentas capazes de auxiliar na tarefa de liderar e demonstrar como o "liderar" está intimamente ligado a "servir", se um alguém não serve, então não deve liderar, porque liderar é servir, liderar é serviço.

Ainda, neste capítulo iremos analisar as principais obras que abordam este tema a fim de dar a você, as principais referências sobre o assunto; e finalmente, apontar os principais erros da liderança contemporânea e as suas soluções.

Com isto, espera-se que cada leitor possa compreender a si mesmo como um líder em potencial, capaz de liderar e influenciar positivamente sua comunidade, seja ela cristã ou não. Pais, mães, professores, políticos, advogados, médicos militares, mecânicos, pedreiros pintores, todos, em qualquer que seja a área que esteja, é um líder em potencial.

Por tanto, iniciaremos definindo de forma básica o conceito de liderança:

> Liderar é ato de fazer o que é certo no processo de conduzir um grupo de pessoas a um objetivo comum.

A frase acima retrata bem o dilema da liderança, liderar não é fazer a sua vontade, nem fazer a vontade do grupo que você lidera, liderança é fazer o que é certo. Fazer o que é certo será sempre mais difícil, sempre dará mais trabalho, mas será sempre o correto a se fazer.

De fato, o que lidera deverá buscar sempre a correção e nunca a satisfação própria, ensejará esforços por buscar o bem comum e nunca o bem de alguns. Para tanto, o seu foco deverá estar nas pessoas que lidera, não nos bens ou utensílios, pois os grandes líderes de Deus lideraram pessoas e não coisas 1.

Liderar não é administrar templos, finanças nem organizações. Isto é mordomia, liderar é lidar com gente, cuidar de pessoas. Portanto, quem não gosta de gente, não pode liderar, assim como que não gosta de ovelhas não pode ser pastor.

Observe o caso de Elias e Elizeu. O primeiro era poderoso em obras, mas não queria muito contato com pessoas, o segundo gostava de gente, da cidade e de famílias (I Rs. 19). E, talvez, por conta disto, Deus o tenha honrado com porção dobrada do que recebera seu antecessor. E você, que tipo de líder você desejará ser, Elias ou Eliseu?

Outro exemplo disto é o exemplo de João Batista e Jesus Cristo. Um era do deserto, outro era da cidade; um era sozinho, outro era rodeado de gente; um iniciou e o outro terminou. Com certeza você gostaria de ser como Jesus e não como João Batista, então, se assim for, comece como Ele, comece gostando de gente e, não apenas gente boa, mas pessoas muitas vezes ruins e sem potencial. **O importante é que sejam pessoas!**

Quando penso nisto sempre me vem à mente a diferença entre líderes e gerentes e não custa nada relembrar:

- "O Gerente administra;
- O Líder inova;
- O Gerente conserva;
- O Líder desenvolve;
- O Gerente se apoia em sistemas;
- Líder em pessoas.
- O Gerente conta com controles;
- Líder em confiança;
- O Gerente faz certo as coisas;
- O Líder faz a coisa certa."

(Autor desconhecido)

Como se pode ver acima, há muita diferença entre o líder e o gerente e essa diferença se baseia principalmente na ideia da participação efetiva do líder no crescimento do grupo que lidera, ou em outras palavras, o líder serve ao grupo e não o grupo serve ao líder, pois o líder só tem importância se ele serve às pessoas que estão com ele.

2.1. Metas e Estilos de Liderança

Para uma boa liderança, o líder precisará ter em mente duas coisas: primeiramente as pessoas, como dissemos anteriormente; e a segunda é o objetivo.

Sem pessoas não há liderança e sem objetivo não há direção.

Todo líder deve se perguntar qual é o seu objetivo, sua meta, pois ela o guiará acerca do caminho a ser traçado.

É o objetivo que deve nortear o seu trabalho e direcionar os seus esforços (Rm. 12. 3; Fp. 3.14). Já as pessoas é material com o qual ele deve trabalhar. Muitos líderes devem sempre ter em mente que, se não existissem os liderados, logo os líderes também não existiriam, não existem professores sem alunos, não existem médicos sem doentes, não há condutor sem conduzidos. O principal não é quem lidera e sim os liderados.

Por isso, dê valor aos seus liderados, trabalhe com eles mesmo que sejam poucos, valorize-os mesmo que sejam limitados, afinal, os liderados espelham muito do que os seus líderes são. Vejo muitos líderes falando mal do seu grupo, pastores falando mal de suas igrejas e professores falando mal dos seus alunos, na verdade, o problema não está no grupo e sim no líder. Se os líderes soubessem que o grupo apenas reflete a imagem deles próprios, nunca mais falariam mal dos seus liderados, pois ao fazerem isto, estão falando mal de deles mesmos.

1.1.1. Os Tipos De Líderes:

Muito já foi falado sobre os tipos de líderes que existem, mas não podemos prosseguir sem abordarmos um pouco este assunto, pois assim poderemos nos compararmos e nos avaliarmos enquanto líderes ou liderados, afinal, todo mundo conhece um tipo assim:

a. **Autocrático:** decide tudo sozinho. Não dá espaço para novos líderes. Exigente. Foco nos "resultados" e não nas pessoas. O autocrático não pede opinião, decide tudo e não delega funções. Isso apenas demonstra a sua insegurança. Bons líderes precisam da participação do grupo, afinal, todo grupo precisa ser ouvido;

b. **Democrático**: não decide nada, deixa tudo para que os liderados decidam. Foco nas pessoas e não no objetivo. Este tipo é um problema, pois não decidir nada é muito perigoso, há momentos que o líder deve pedir uma direção a Deus e deve tomar uma posição. A pior coisa é um líder pode fazer é não cumprir o seu papel e deixar que os outros decidam por ele;

c. **Volúvel**: vai de acordo com a "onda". Muda o objetivo de acordo com "as novidades";

d. **Detalhista**: perde-se em detalhes e perfeccionismos. Preocupa-se mais com os métodos que o objetivo;

e. **Responsável**: assume a responsabilidade da liderança, motivando o grupo a atingir o objetivo. Trabalha com foco nas pessoas sem perder de vista o objetivo.

Tenho certeza de que você está se perguntando agora que tipo de líder você é? pois bem, as características acima são importantes e definidoras da forma como você enfrentará os problemas da liderança. Na verdade, elas são caricaturas, pois os traços são exagerados a fim de que façamos uma reflexão sobre o papel da liderança. Assim, cada um dos itens acima, são apenas reflexos dos comportametnos que o líder poderá assumir, servem de base para que avaliemos nossa própria conduta diante dos liderados. Na minha opinião, o responsável seria o que melhor se coaduna com o papel o tipo de líder que age por pincipios.

Agora que já vimos os tipos de líderes, passemos a algumas técnicas que poderão ajudar na tarefa de liderar. Se não vejamos:

1.1.2. As Técnicas De Liderança

Quanto às técnicas de liderança, devemos ressaltar que são elas as principais ferramentas que auxiliam um bom líder. Há pessoas que até lideram, mas fracassam porque não dominam a técnica. É bem verdade que a técnica não faz um líder, mas um líder não irá muito longe sem ela. Então vejamos quais são elas:

a. **Comunicar**: informar de maneira clara, direta e simples. Transmitir a visão da necessidade de conseguir o objetivo.

b. **Delegar**: acionar os recursos dos seus liderados ("dons") na direção do objetivo. Organizar tarefas e funções. Formar equipe.

c. **Inovar**: aceitar mudanças e novas ideias. A única coisa que o bom líder não cede é quanto ao objetivo. No caso do líder cristão, não cede quanto à doutrina bíblica.

d. **Motivar**: incentivar novas lideranças. Elogiar estimular a participação dos liderados nos processos que levam ao objetivo final em outras palavras; ser exemplo de conduta.

e. **Planejar**: ter uma visão de longo prazo, definindo as prioridades. Treinar as lideranças e adotar metodologias compatíveis com os objetivos.

Com vimos acima, estas cinco técnicas, uma vez bem aplicadas irão trazer ganhos incomensuráveis não apenas aos líderes, mas também ao seus liderados, afinal, ninguém deseja ser liderado por pessoas despreparadas, inseguras, que não tem objetivos, que não possuem critérios. Lembre-se, as pesssoas te seguirão se perceberem que você sabe o que está fazendo, que elas não estão perdendo tempo seguindo uma pessoa que também está perdida.

Este foi o caso de Israel caminhando quarenta anos, no deserto. Eles tinham a sensação de que estava demorando de mais para chegarem ao seu objetivo, além disto, caminhar em círculos durante anos pode parecer extremamente desagradável e improdutivo.

Isto fez com que o povo se revoltasse constantmetne contra a liderança de Moisés. O que eles não sabiam é que Deus era quem guiava o povo, que Moisés não guiava a nação por sua vontade, mas seguia a direção do Eterno.

Alem disto, as características pessoais de Moisés também dificultavam as coisas. Moisés queria fazer tudo sozinho, não confiava em niguem, não dividia as tarefaz, não ouvia seus liderados e tudo isto levou à exaustão dramática do episodio das águas amargas de Mara, retratada no início deste capítulo.

As coisas só melhoraram depois que o seu sogro, Jetro, interveio e aconselhou a Moisés a fazer diferente, ou ele e o povo pereceria inteiro no deserto (Ex. 18).

13 E aconteceu que, no dia seguinte, Moisés assentou-se para ajulgar o povo; e o povo estava em pé diante de Moisés, desde a manhã até a tarde.

14 Vendo, pois, o sogro de Moisés tudo o que ele fazia ao povo, disse: Que é isto que tu fazes ao povo? Por que te assentas só, e todo o povo está em pé diante de ti, desde a manhã até a tarde?

15 Então disse Moisés a seu sogro: É porque este povo vem a mim, para aconsultar a Deus;

16 Quando tem algum assunto vem a mim, para que eu julgue entre um e outro, e lhes declare os aestatutos de

OS 7 PRINCÍPIOS DA LIDERANÇA: Comportamentos e atitudes que todo líder deve conhecer

Deus, e as suas leis.

17 O sogro de Moisés, porém, lhe disse: Não é bom o que fazes.

18 Seguramente desfalecerás, assim tu, como este povo que está contigo, porque este assunto é apesado demais para ti; tu sozinho não o podes fazer.

19 Ouve agora minha voz, eu te aaconselharei, e Deus será contigo: bSê tu pelo povo cdiante de Deus, e leva tu as causas a Deus;

20 E aensina-lhes os bestatutos e as cleis, e faze-lhes saber o dcaminho em que devem eandar, e a obra que devem fazer.

21 E tu dentre todo o povo procura homens acapazes, btementes a Deus, chomens de verdade, que odeiem a davareza; e põe-nos sobre eles por emaiorais de mil, maiorais de fcem, maiorais de cinquenta, e maiorais de dez;

22 Para que julguem este povo em todo o tempo; e seja que toda causa grave tragam a ti, mas toda causa pequena eles a julguem; assim a ti mesmo te aliviarás da carga, e eles a levarão contigo.

23 Se isso fizeres, e Deus to mandar, poderás então subsistir; assim também todo este povo em paz irá ao seu lugar.

24 E Moisés deu ouvidos à voz de seu sogro, e fez tudo quanto ele tinha dito.

25 E escolheu Moisés homens capazes, de todo o Israel, e os pôs por cabeças sobre o povo: maiorais de mil, maiorais de cem, maiorais de cinquenta, e maiorais de dez.

26 E eles julgaram o povo em todo o tempo; as causas difíceis levaram a Moisés, e toda causa pequena julgaram eles.

27 Então despediu-se Moisés de seu sogro, o qual se foi à sua terra.

Graças a Deus, Moisés era um homem que tinha muitos defeitos, mas tinha uma virtude espetacular: Ele sabia ouvir! Moises antendeu aos conselhos de seu sogro, um homem que nem israelita era, que trouxe sua família de longe (sinal de que Moisés estava tão consumido pelo trabalho que não tinha tempo para a esposa e filhos). As dicas dadas por Jetro se encaixam nos itens vistos anteriormente, pois Moisés comunicou, delegou, inovou, motivou e planejou. Se os líderes de hoje ouvissem mais, muitas amarguras poderiam ser poupadas, mas não faça como eles, ecoloque em práticas as ferramentas aqui apresentadas e veraz que liderar é complicado e doloroso até, mas pode ser bem menos sofrido se soubermos usar as ferramentas necessárias para alcançarmos os nossos objetivos.

Conclusão

Vimos neste capítulo que a liderança não uma tarefa fácil, mas que Deus chama homens e mulheres dispostos a pagar o preço de liderar. Aprendemos que, materialmente falando, liderar é fazer o que é certo, conduzindo um determinado grupo a um objetivo comum. Vimos também que, espiritualmente falando, a liderança está relacionada ao princípio espiritual da autoridade e sem esse princípio não há liderança cristã.

Estudamos os fatores de sucesso e de fracasso de um líder, demonstrando o que ele deve e o que não deve fazer para ter sucesso. Basta por hora, lembrarmos que todo este conhecimento não fará sentido algum se não for colocado em prática, portanto, procure exercitar aquilo que aprendeu e seja um obreiro excelente, um grande líder que vai levar este povo até a terra prometida.

Liderar não é tarefa fácil, mas não desanime; o dono da obra, o Senhor Jesus, prometeu estar ao nosso lado sempre (Mt. 28.20). Lembre-se que

Deus te chamou e logo te capacitará para a sua obra. Procure fazê-lo com toda humildade, oração, escuta e submissão.

> Reflexão:
>
> - Você considera capaz de ser um bom líder?
> - Você gostaria de ser liderado por alguém como você?
> - O que tem ocupado a maior parte dos seu tempo, as pessoas ou os objetivos?
> - Quanto as técnicas de liderança, qual você acredita que tenha falhado?
> - O que você pensa em fazer a respeito disto?

CAPÍTULO 3. PRINCÍPIO # 2: ÉTICA

Todos nós tomamos diariamente dezenas de decisões. Fazemos escolhas, decidimos que medidas devemos tomar e resolvemos determinadas questões em relação com aquilo que tem a ver com nossa vida individual, a vida da empresa e de nossos semelhantes.

Ninguém faz isso no vácuo. Antigamente pensava-se que era possível pronunciar-se sobre um determinado assunto de forma inteiramente objetiva, isto é, isenta de quaisquer pré- concepções ou pré-convicções. Hoje, sabe-se que nem mesmo na área das chamadas ciências exatas são possíveis fazermos pesquisas sem sermos influenciados pelo que somos, cremos, desejamos, objetivamos e vivemos.

As decisões que tomamos são invariavelmente influenciadas pelo horizonte do nosso próprio mundo individual e

social.

Ao elegermos uma determinada solução em detrimento de outra, o fazemos baseados num padrão, num conjunto de valores do que acreditamos ser certo ou errado. É isso que chamamos de ética.

A nossa palavra "ética" vem do grego "ethos", que significa um hábito, costume ou rito. Com o tempo, passou a designar qualquer conjunto de princípios ideais da conduta humana, ou as normas a que devem ajustar-se as relações entre os diversos membros de uma sociedade. Mas o que seria a "ética", gosto da definição a seguir:

> *Ética é o conjunto de valores ou padrão*
> *pelo qual uma pessoa entende o que seja*
> *certo ou errado e toma decisões.*

Como se pode ver a acima, a ética é composta de valores, escolhidos por um determinado grupo social, que norteia suas ações e, portanto, a convivência, dentro daquele determinado grupo. A ética é importante para nortear as nossas ações.

A ética é fundamental no processo de fazer escolhas e tomada de decisões. Ela compõe a nossa visão de mundo, o que cremos, pensamos e determina como vivemos. Nem sempre estamos conscientes dos valores que compõem esse sistema, mas eles estão lá, influenciando decisivamente nossas opções.

Um líder que não possui ética em suas relações é como um navio a deriva, pois não possui um direcionamento claro para suas ações, sempre sendo levado de acordo com os ditames do tempo.

Todo grupo social tem sua ética. A ética, uma vez escolhida pelo grupo social pode se transformar em uma lista de regras que por sua vez, passarão a ser escritas e consultadas sempre que for preciso. Mas também existem as que não estão escritas em livros ou grafados em tabuinhas de argila, como faziam os nossos antepassados, ou em pedaços de papel e, ou livros, pois apesar de nem sempre estar decodifica na escrita, ela está inserida dentro de cada individuo, pois a ele foi transmitida através do convívio com outros membros do grupo que se faz parte.

Assim não estaria errado dizer que os camêlos possuem sua "ética", que os varejistas possuem sua "ética", e que elas em nada são menores que as éticas escritas e normatizadas como a "ética médica", a "ética profissional" dos advogados, dos empresários, dos professores e assim por diante.

Como se pode ver, a ética é de suma importância dentro de um grupo social a ponto de todos os grupos, em certa medida, escritas ou não, possuírem a sua ética. Então a pergunta é porque o líder pode imaginar que poderá liderar sem ética?

Uma grande parte dos problemas de liderança que enfrentamos se dão, sobretudo, pela não observância de uma ética. Vemos um líder falando do seu antecessor; ali, vemos um líder reclamando com seus subordinados sobre assuntos que não lhe diz respeitando; lá, temos líderes que não se comportam como lidres e por aí temos uma gama infindável que falta de ética que se esplham pelas igrejas, púlpitos e até na internet.

Um(a) líder sem ética é um líder que está fadado ao fracasso, pois a falta de uma ética, quebra as relações de confiança que dão coesão ao grupo a que se faz parte gerando desconfiança e conflitos.

A falta ou quebra da ética não consitui, necessariamente pecado, mas demosntra certo desvio de comportamento que, em última análise, desgastam a imagem do(a) líder.

Mas de onde poderíamos retirar os preceitos que devem compor o nosso quadro ético? Bom, a resposta não é simples, mas a própria prática da liderança possui o seu escopo ético. Gosto das definições do site Principles of Ethical Leadership, segundo Hazem Abourous, existem 4 pntos principais de uma liderança ética:

- Respeitam os outros;
- Servem aos outros;
- São justos e honestos e
- Constroem comunidade.

Cada um destes itens são fundamentais na contrução do caráter de um(a) líder que coloca ética como princípio para a sua liderança. O(a) lider que respeita os seus liderados permitem que eles sejam eles mesmos, valorizanso as diferenças individuais de cada um. Isto baseia-se em confiar nas contribuições que os outros podem dar a fim de contruir um trabalho melhor. Respeito é ouvir atentamente as ideias dos seus colabodres e ecorajá-los a entenderem as suas próprias necessidades, valores e propósitos. Quando os líderes apresentam respeito, os seguidores se sentem aceitos e valorizados.

Líderes éticos servem os outros. Isto implica em dizer que ele(a) não pode ser egocêntrico(a), mas inserir-se dentro da visão do grupo e, ou organização a que faz parte.

Quanto a justiça, tema que trataremos mais à frente, cabe dizer que não deve haver "panelas" e, ou grupos internos de preferência que excluem os demais, como bem disse Jesus, "é tratar ao próximo como você gostaria de ser tratado.

No tocante a honestidade, Abourous chama a atenção para o fato de que a honestidade não consiste em apenas dizer a verdade e sim com sinceridade. E neste sentido, a contribuição de Costa (1998), em seu livro *The Ethical Imperative* é fundamental:

> *"Não prometa o que você não pode cumprir. Não deturpe. Não se esconda atrás de evasões falsificadas. Não suprima obrigações. Não evite a prestação de contas. Não aceite a pressão da sobrevivência dos mais aptos".* (COSTA, 1998),

Finalmente, deve-se dizer que, no tocante um(a) líder ético(a) controi laços comunitários consistentes. Eles levam o grupo ao objetivo fazendo com que concordem com um objetivo comum. O objetivo comum implica que líderes e seguidores concordem com as direções do grupo. Uma liderança assim implica em valores construídos no seio do grupo. Podemos dizer também que, em vez de dizer às pessoas o que "fazer", líderes devem, antes, mostrar a elas o que e como elas devem "ser", ajudando-as a tornarem pessoas melhores.

1.1. A ética cristã

Já no tocante a ética cristã, temos um excelente referencial para as ações de um(a) líder que possui a ética como princípio: a Bíblia Sagrada. Não que as teorias éticas de liderança não cristãs não sejam válidas, pois com vimos acima, elas são contribuições riquíssimas para o desnenvolvimento do líder, mas é que a Biblia está repleta de lições éticas que podem e, na verdade, devem nortear a nossa liderança

Aguns estudiosos das escrituras acreditam que a ética cirstã deita suas raízes nos textos do Antigo Testamento, o qual preconiza, dentre outras coisas: a existência de um único, pessoal e soberano Deus, cujo caráter é revelado nas escrituras[1].

Ainda no Antigo Testamento, as atitudes dos profetas se constituem como um alguns dos preceitos éticos mais nobres do Antigo Testamento, tais como em Amós, Isaías, Miquéias e Oséias. Estes profetas seguiam um código ético baseado na denuncia dos desmandos dos reis, os quais, por sua vez, descaminhavam Israel após deuses pagãos e consumiam a riqueza da nação levando o povo ao empobrecimento geral.

Ao denunciarem os desmandos dos reis, eles Eles mostraram a incoerência de se cultuar a Deus e oferecer-lhe sacrifícios, sem cuidar dos pobres e necessitados[2].

---

[1] Sobre os atributos de Deus revelado nas escrituras veja: santo (Lv. 11, 45; Sl 99, justo (Sl. 11, 7; 145, 17), verdadeiro (Sl. 119, 160; Is 45, 19), misericordioso (Sl. 103, 8; Is 55, 7), fiel (Dt. 7, 9; Sl 33, 4).
[2] Sobre o profetismo em Israel leia: Isaías 1, 10-17; 5, 7 e 20; 10 1-2; 33, 15; Oséias 4, 1-2; 6, 6; 10, 12; Amós 5, 12-15, 21-24; Miquéias 6, 6-8.

Muitos líderes fracassam por não dar o devido valor as questões sociais, acham que Deus não está preocupado com esta temática, querem liderar o povo, mas se esquecem que, como seres humanos, estão inseridos dentro da questão social, ou seja, a crise, a fome, o desemprego, a inflação e todas as outras questões sociais afetam diretamente a vida dos liderados e até do próprio líder.

Deus, definitivamente está preocupado com as questões sociais. Embora, muitos cristãos acreditem que Deus não, pois o que importa para Deus é a alma, ou seja, o espiritual e não o material; assim, acreditam que a Igreja não deva se envolver com a assistência aos pobres já que sua missão, primordial é pregar o Evangelho.

Argumentam também que o cristão não deve esperar nada da política, nem concorrer a um cargo político, a fim de não se contaminar com os maus exemplos que observamos dia a dia no meio governamental.

Deus se preocupa com as questões sociais e nós, cristãos, podemos, como servos de Deus também devemos estar precocupados, assim como os profetas do Antgo Testamento.

Recorreremos à história do povo de Israel e mesmo da Igreja, dentro do contexto bíblico, para entendermos quais são os lugares para a justiça social e o voto, hoje. Vamos a ele:

Por volta de 3.700 a.C, os milhões de israelitas que deixaram o país dos faraós não possuíam regras sociais coesas que lhes dessem a conformação de uma nação, porquanto viviam como estrangeiros e escravos nas terras do Egito.

Como ex-escravos e ainda sem normas sociais próprias, Deus, ao lidar com o povo, precisou dar leis que lhes desse uma identidade nacional e espiritual e que os unissem em torno de um preceito comum. A aliança estabelecida entre Deus e o Seu povo, através de Moisés, era o marco de um novo recomeço e o surgimento de uma nação.

A lei dada a Israel através do legislador de Deus regulava a vida espiritual, moral e social. Sociedade e comunidade eram paulatinamente forjadas na mente da população enquanto peregrinavam rumo à Terra Prometida.

Era a lei recebida no monte Sinai que mantinha e estabelecia o senso de justiça entre os irmãos e conformava as relações sociais que iam desde hábitos higiênicos (Ex. 40.12) até a obrigação em se praticar a justiça para com o próximo (Lv. 19.36) termo que aparece no Antigo Testamento sob as formas hebraicas çedheq ou çedhãqã os quais devem ser compreendidos por retidão, tratava-se de um atributo divino, mas também esperado do homem, sua imagem e semelhança.

Desta forma, leis foram estabelecidas no sentido de que não houvesse escravos nem miseráveis por muito tempo entre o povo, equilibrando as diferenças sociais no arraial.

Por ordem divina, o qüinquagésimo dia era santificado e todos os servos libertados para voltarem para suas casas se assim desejassem, a terra descansava nesse período e não poderia ser trabalhada, mas os pobres dela se alimentavam.

As dívidas eram perdoadas e o que a terra produzia espontaneamente, aos pobres pertencia (Lv. 25.1-55), o israelita era proibido de emprestar com juros, não só dinheiro como também qualquer coisa (Lv.25.36; Dt. 23.19). Dessa forma Deus evitava a escravidão por dívida e que os lavradores perdessem as suas terras. Tal mecanismo funcionava de forma a equilibrar as questões sociais e aprimorar o senso de justiça.

Mais tarde, ao fim da teocracia, a imposição da justiça foi estendida aos governantes de forma que as e questões sociais passaram a ser requisitos inerente às autoridades. Não só os juízes (Ec. 5.8), mas reis (2 Sm. 8.15; Jr. 22.15.16) e príncipes também estavam obrigados a cumpri-lá (Pv. 8.15).

Entretanto, nem sempre a realeza era temente a Deus e justa e, nesse caso, o povo era o que mais sofria as conseqüências. Foi o que ocorreu após o reinado de Davi, pois Salomão, seu filho, a fim de construir o templo, aumentou pesadamente os impostos.

A realeza prosperava, mas o povo empobrecia. A construção do templo foi caro e custou não só ao povo, mas ao próprio reino, pois após a morte de Salomão o reino se dividiu em dois: o reino do Norte (Israel) com capital em Siquém e o reino do Sul (Judá) com capital em Jerusalém.

Os dois reinos mergulharam em uma crise interna de apostasia, moral e social, pois ao seguirem a outros deuses, os governantes deixaram de executar o justo juízo. Apenas para ilustrarmos esta situação, mencionamos o caso do reino de Judá.

O reino foi construído por Onri às custas do empobrecimento de largas parcelas da população. Acabe, seu filho, intensificou o comércio com a Fenícia enriquecendo a camada dominante que passou a emprestar aos pobres a juros altíssimos. Não por acaso Acabe desejou tomar a vinha de Nabote (I Rs 21.2). Bem mais tarde Jeroboão II iria retirar o país da crise econômica, porém baseado no velho estilo de Salomão, altos impostos, concentração de renda e um tamanho empobrecimento da população a ponto de Deus usar o profeta Amós para denunciar o endividamento do povo e o seu sofrimento (Am. 2. 6-8; 6.4-6; Os. 1.4-6).

Nesse período os muitos pequenos lavradores endividados, estavam presos a seus credores, ao passo em que o suborno imperava nos tribunais sempre prontos a reconhecerem a causa dos ricos (Ez.22.12).

A crise social, moral e religiosa por que passaram os reinos foram o motivo da queda de Israel. O reino de Israel caiu diante da Assíria, em 722 a.C e o reino de Judá, mesmo diante dos apelos e lágrimas de Jeremias aos governos desobedientes a Jeová, foi feito cativo pelos babilônicos no fatídico ano de 586 a.C. e de lá só regressaram cerca de 70 anos depois, mas sem nunca terem recuperado a glória e a soberania de antes.

No Novo Testamento, a preocupação com as questões sociais não deixara o cenário religioso traçado por Deus. No ministério de Cristo, seu filho unigênito, o kerigma (pregação) e a diakonia (serviço) estavam intimamente ligados. Segundo Abraão de Almeida, "a pregação de Cristo expunha suas obras e suas obras dramatizavam as suas palavras. Eram ambas expressões do amor de Deus pelas pessoas" (ALMEIDA, 1997:40) "assim também" continua ele "ambos deveriam expressar o nosso amor" (Ibidem). Logo, se proclamamos o Evangelho, precisamos manifestar o seu amor e este foi um alvo da Igreja primitiva que ainda deve se estender a nós da Igreja do século XXI (Mt. 25.31-40).

Contudo, nos dias de hoje vivemos num mundo não regido pelos preceitos divinos ou teocráticos – governo de Deus – e onde a ganância e o amor ao dinheiro imperam. As leis humanas são as que regem a vida cotidiana direcionando as ações de todos os homens.

Infelizmente, no intuito de se perpetuarem no poder, homens com intenções duvidosas se apropriam dos aparelhos do Estado, sobretudo no Legislativo. Através do voto popular se encastelaram no poder para de cima dominarem e regerem a vida do povo a seu bel prazer. Disto temos o quadro social por que passa o mundo hodierno: pobreza extremada, violência e decadência dos preceitos éticos e morais da sociedade.

Ainda hoje, a pobreza é um grande problema mundial. O relatório da Conferência das Nações Unidas para Comércio e Desenvolvimento – Unctad – Informou que o número de pessoas que vivem com menos de 1 dólar por dia nos 49 países mais pobres do mundo, principalmente em África, mais do que duplicou nos últimos 30 anos, chegando a 307 milhões, o equivalente a 65% da população mundial e as estimativas futuras não são as melhores, segundo o relatório, o número de pobres poderá chegar a 420 milhões em 2015.

No Brasil, a desigualdade social é notada até mesmo entre os Estados. Alagoas desponta com 44, 44% dos pobres da população, seguido de perto pelo Maranhão com 44, 23%, enquanto Santa Catarina apresenta apenas 4, 68% da população nacional (IBGE 2004).

Tal disparidade demonstra a desigualdade premente de nosso país e retrata uma má distribuição de renda e oportunidades, isso para não falarmos da desigualdade dentro do nosso próprio Estado.

No campo moral, nunca antes neste país os valores da família e sociedade foram tão atacados. A família tem sido atacada em sua base, ou seja, em seus valores morais e éticos, desta vez, a ofensiva é desferida não mais, apenas, nas questões sociais, nem é fruto de um governante, mas de uma orquestração política que propõe e vota leis contra as quais, uma vez aprovada, não há como lutar .

Assim, a Igreja do século XXI descobre, na prática, que não é mais suficiente lutar contra a desigualdade social (isto para aquelas que já possuem esta visão), mas votar conscientemente a fim de escolher os melhores governantes para o seu país.

Os ataques mais recentes puderam ser notados através da proposição de vários temas polêmicos que, no mínimo, deveriam passar por uma análise ampla por parte da sociedade civil, independentemente do credo e religião. Mas o que podemos fazer? A Igreja não deve cruzar os seus braços e se conformar com o mundo (Rm. 12.12)

O nosso propósito foi o de mostrar como Deus está interessado nas questões sociais, na prática da justiça (Zc. 8.16), e que a injustiça tem sido praticada infelizmente e muitos líderes não se dão conta disto.

O líder precisa ter em vista as questões sociais, seu compromisso ético também precisa ser social. Cuidar do povo é cada vez mais necessário.

No Novo Testamento, o cumprimento do que havia sido preconizado no A.T, se cumpriu em Jesus Cristo, cujos discursos e a vida, se tranformaram em explos éticos a serem seguidos. O famoso Sermão da Montanha (Mateus Caps. 5 a 7) se contitui como o ápice desta ética que incorpora os preceitos vetereotestamentarios agora sintetizados em sua expressão máxima: o amor. Assim, os que desejam segui-lo devem ser pautados pela misericórdia, humildade, integridade, mansidão, perdão, justiça, paz, e pela veracidade, esta ética deve ser internalizada na vida do cristão a fim de que seus sentimentos, e intenções possam estar guiados pela Palavra.

1.2. Os valores dos padrões éticos.

"A ética não pode ser apenas conjunto de regras em nossas vidas", é o que assevera J. C. Maxwell (2007) e eu estou de pleno acordo. Muitos tentam usar uma regra de ética para a vida profissional, outra para a sua vida espiritual e ainda outra em casa com sua família, mas este comportamento é um grande erro.

A ética enquanto um conjuntos de regras que podem ser usadas de acordo com cada situação pode ser problemática ao extremo, pois "Ética é ética" assevera o autor.

O cristão precisa ser ético em tudo o que faz e em todas as áreas da sua vida, dizendo de outra forma, não existe uma tal ética nos negócios. Os líderes devem ter um padrão de valores que regem suas vidas. Eles podem ser éticos por onde quer que forem. Segundo Maxwell, "as Escrituras ensinam uma só regra para a ética e esta é "A Regra de Ouro". Trate os outros como gostaria de ser tradado expresso em Mateus 7.12.

Ao abordar a importância da ética como um princípio para a liderança, o autor assevera que precisamos extremamente da ética quando as coisas ficam mais difíceis, quando somos forçados tomar grandes decisões ainda que não sejam espirituais, como por exemplo no mundo corporativo. Ele cita, o exemplo, o contraste entre o rei Davi e Urias. O Rei não teve ética com seu soldado chamado (2 Samuel 11).

- Por sua ética, Urias submeteu-se às ordens de Joabe mesmo não entendo o motivo;
- Por sua ética, dormiu entre os servos do rei, mesmo tendo o direito de ir para sua própria casa;
- Por sua ética, não se permitiu desfrutar os prazeres da intimidade com sua esposa, ao passo que milhões de seus soldados morriam no campo de batalha;
- Por sua ética, não descansou enquanto a Arca da Aliança do Senhor permanecesse em abrigos temporários;
- Por sua ética, obedeceu ao rei sem questionar;
- Por sua ética, mesmo tendo sido embebedado, não "bebeu" sua ética e decidiu, por seu dever, permanecer com os empregados ao invés de voltar para casa.

É curioso como o exemplo de Urias nos mostra até até que ponto a ética é pessoal. Movido e estabelecido em uma forte crença em Deus, este servo do rei foi às últimas consequências que culminaram com a sua morte cruel e covarde no campo de batalha. Urias foi o contraste do líder da nação, Davi que, neste episódio, achou que poderia renunciar à ética para guiá-lo nas questões pessoais e acabou por cometer um adultério e, na sequência, um homicídio.

Eu poderia tirar mais uma lição do mesmo exemplo: Por que será qie as pessoas quase não se lembram de Urias nesta passagem? Elas dão ênfase ao papel desempenhado por Davi e se esquecem do verdadeiro protagonista que, no caso, foi aquel que sofre a ação, Urias, um exemplo de que, quando se é guiado pela ética, o caráter lhe impede de agir contra a sua consciência.

Talvez se você for um líder ético as pessoas também não te percebam, te vejam como mero coadjuvante da sua história. Talvez, por ser ético, seja até traído, mas não se preocupe, talvez lá na glória também descubramos que Urias possa ter recebido maior destaque por parte de Deus que Davi. É melhor ser coadjuvante na terra do que secundário nos céus.

1.3. O valores das convicções

> *"Alguém já disse que os seres humanos são como chá. Nossas cores aparecem quando entramos em água quente" (Maxwell, 2007)*

Talvez a crise da liderança do nossos tempo se deva a falta de convicções. Como um líder pode ser ético se ele não tem convicções, se ele mesmo não identificou uma causa, um motivo para existir, um "porquê" em liderar? Somos mais movidos pelas redes sociais, pelas novelas e mídias do que por nossos valores. A antiética, ou seja, um viver sem ética tem sido o padrão que tem pautado o mundo pós-moderno. Neste sentido, estamos unidos enquanto nos convém, estamos juntos até que nossos interesses pessoais nos coloquem em rota de colisão. Este é o problema. As convicções são mais fortes do que ideias ou sentimentos. De fato, o que assegura Maxwell (2007)

Ideia - Um pensamento ou conceito que geralmente é atraente porque é novo ou porque é seu.
Opinião - Uma ideia que nos faz sentirmos emocionalmente presos, mas que pode provocar mudança em suas emoções.
Crença – Um elo forte, não apenas ligada às emoções, mas com base na reflexão pessoal.
Compromisso - A decisão de abraçar uma crença ou princípio com base em suas emoções, mente ou vontade.
Convicção - Uma forte crença que dirigir suas decisões e que o faz estão dispostos a morrer por ela.

Com se vê a convicção só poder ser desenvolvida através constructos mentais que nascem como ideias, se tranformão em opinião e vão sendo elaboradas até se transformarem em convicções. Hoje temos muita opinião, todo mundo opina sobre tudo, mesmo sobre o que não faz a mínima ideia, mas poucos são os que possuem convicções. São elas que movem o mundo, principalmente se estiverem embasadas sobre conceitos éticos.

E você está disposto a morrer por suas convicções? Se sim, gostaria de lhe informar que você já está no caminho para o desenvolvimento da ética necessária a um líder autêntico.

Conclusão

Ao longo da História temos vários exemplos de líderes que foram movidos por um conceito ético em suas relações, e pelas suas fortes convicções que transformaram o mundo e marcaram épocas. As escrituras também estão cheias de exemplos de homens simples que fizeram a diferença através da ética.

De José a Daniel, de Elias a Jeremias. De Enoque a João Batista, todos mudaram os rumos dos acontecimentos porque tinham profundas convicções. Elas eram as suas bússolas. A ética e o resultado desta bússola interior. Ela nos mostra o nosso verdadeiro norte. Ela mostra a posição correta quando estamos sob ataque.

> Reflexão:
>
> - Em sua opinião, as éticas humanísticas têm invadido as igrejas?
> - Você se considera uma pessoa que age de acordo com as normas éticas?
> - Qual é o valor dos padrões éticos em sua vida?
> - Alguma vez você já enfrentou dilemas em ter que tomar decisões que feriam a ética?

CAPÍTULO 4. PRINCÍPIO #3: CARÁTER

O Caráter é um dos princípios mais importantes que um líder pode possuir. Temos vivido dias de conflito e luta, e, particularmente, em nosso país, a crise moral que se instalou deve-se à, dentre da cris ética, a crise de caráter que encontramos na sociedade brasileira.

É o caráter que nos possibilita dormirmos com a consciência tranquila, com o senso do dever cumprido, sabendo que fizemos o que é certo e não o que foi mais fácil ou conveniente, aliás, fazer o certo nunca é fácil e ter caráter é sempre mais difícil quando tudo o que as pessoas a sua volta esperam é que você abra mão dos seus princípios e viva uma vida sem valores, pois sem estes dois quesitos, é impossível se ter caráter, posto que, este, nasce da junção de ambos.

Podemos definir o caráter como a:

> Caracterização do próprio sujeito; índole, temperamento, personalidade

Em última análise, o caráter é o que nós somos e fazemos. É como nos comportamos diante dos outros, mas principalmente quando estamos a sós, quando ninguém nos observa. Por isto, um líder, pode até não ter várias habilidades e ser defiente em muitas áreas, mas o mais importante é que ele tenha caráter.

Contudo, o caráter só pode ser revelado em duas situações: a primeira é a que foi dita acima, quando ninguém está nos vendo e a segunda é quando estamos em crise.

Porque quando estamos cercados de gente nem sempre agimos como realmente somos, muitas vezes deixamos de fazer isto ou aquilo porque alguém está nos observando, ou por medo de sanções ou de magoar alguém. Somente quando estamos sozinhos é que realmente podemos deixar aflorar quem nós, verdadeiramente, somos.

Quem você é quando está só? Quando ninguém está te observando?

A verdadeira problemática dos líderes é quando resolvem ser uma coisa na vida privada e outra na vida pública. Isto é um prato cheio para as falhas na personalidade.

Por isso o líder deve ter o cuidado de agir exatamente como pensa e agir assim tanto em público como no privado.

E quando estamos em crise? Eis aí um dos momentos em que o nosso verdadeiro "eu" aflorará. A crise revela quem nós somos. Moisés revelou quem era quando foi testado, nas águas amargas de Mara. É a crise que revela como pensamos, como agimos e por tanto quem somos nós. Observe a tentação de Cristo. O motivo pelo qual Satanás tentou a Jesus no final dos quarenta dias e noites, quando Jesus teve fome foi que o inimigo sabia que neste momento Jesus estaria mais vulnerável.

Quando teve fome e exaustão, Jesus se tornou um alvo vulnerável ao ataque do seu algoz, sua mente, seu corpo e seu espírito estavam debilitados, naquele momento de crise, Jesus revelou quem ele era, sua natureza, sua essência.

Quem é você quando está com fome? Com medo? Cansado? É no momento da crise que externamos o que de outra maneira ficaria escondido, velado pela capa do "bom moço", do "marido exeplar", da "esposa fiel", do "homem de Deus" por isto, não se conhece um líder até que este tenha passado por um momento crítico em sua vida.

É para isto que as crises servem, servem para revelar para nós mesmos as nossas falhas e imperfeições e onde precisamos melhorar no longo caminho da liderança.

Contudo, um líder não deve desanimar após uma falha manifestada por um período de crise. Neste momento ele será desafiado a avaliar a força de seus princípios e valores e tentar consertar aquela possível falha de caráter restabelecendo o seu comprometimento com o exercício de uma liderança ética, e avaliar fortemente o que exigirá mudança em sua vida.

Se a crise revelou que somos fracos em determinada área, impacientes ou imaturos, devemos entender que isto foi bom para que pudéssemos consertar o erro e nos tornarmos mais fortes em nossa área vulnerável, melhorando a cada vez mais.

Um autor fundamental sobre liderança é o saudoso pastor afro-americano Myles Murnoe (1954-2014), acho que nenhum outro líder chamou-nos tanto a nossa atenção para a importância do caráter.

Em sua obra, intitulada em português: O poder do caráter na liderança, ele explica o processo de formação do caráter, como o líder desenvolve e cultiva o caráter. Segundo ele, o processo ocorre da seguinte forma:

- Nossas crenças levam-nos as nossas convicções;
- Nossas convicções geram nossos valores (que estão ligados às nossas atitudes e percepções);
- Nossos valores formam nossa moral, ou princípios;
- Nossa moral/princípios leva-nos à conduta pessoal correspondente;
- Nossa conduta/ações disciplinadas manifestam-se na forma nossa ética;
- Nossa ética resulta em nosso caráter. (MUNROE: 2015:70)

Como Dr. Miles Munroe ressalta acima, o caráter é fruto de um longo processo e de escolhas feitas durante a vida que, ao final, vão ajudar a formar quem somos. Segundo o autor "Nosso caráter determina o nosso estilo de vida".

Munroe ainda faz questão de ressaltar a importância do caráter e a urgência de sua aplicação, recorramos a ele mais uma vez, segundo ele:

O caráter é importante porque:

- Estabelece e fortalece sua vida interior, para que seja uma pessoa íntegra e honrada;
- Permite que cumpra seu propósito e seu potencial;
- Protege sua liderança e sua visão evitando que as cancele prematuramente e permite que deixe um legado para esta e para futuras gerações.

Ainda segundo Munroe, o caráter é importante para o mundo, porque em primeiro lugar é a chave para uma liderança inspiradora. As pessoas precisarão de incentivo e de influência de líderes genuínos se quiserem cumprir seus propósitos e ter uma vida produtiva e tranquila e a isto chamamos de inspiração;

Em segundo lugar porque protege o bem-estar dos que estão sob a autoridade de líderes ou que são afetados pelas ações e influência do líder;

E em terceiro porque permite que líderes construam e mantenham comunidades saudáveis enquanto abordam problemas importantes com integridade.

Conclusão

Seu país, sua família, sua comunidade, quer seja religiosa ou não, todos precisam que você seja um líder de princípios, e um destes é o caráter. Não renuncie a eles. Não importa o que os outros estão fazendo, seja você o líder que estará na brecha para fazer a diferença, portanto, cuide do seu caráter, cultive-o e valorize-o.

Veja o Exemplo do jovem Daniel (Daniel 1.5). diante da tragédia imposta pela nação inimiga, milhares de jovens judeus foram levados para a Babilônia como escravos. Lá os jovens confrontados por uma cultura extremamente pecadora, perversa e sem temor ao Deus de Israel.

Distante de sua terra e de seus parentes, eles poderiam ter cedido ao assédio real e se alimentado com as iguarias do palácio. Mas eles colocaram em seus corações não se contaminarem com os manjares do rei. O que fez com que eles tomassem esta decisão foi o caráter internalizado neles.

Não por acaso, Deus os escolheram como líderes, não por acaso, Nabucodonosor os escolhera também. Eles estavam prontos a morrerem por seus princípios e valores, afinal, possuíam caráter.

> Reflexão:
> Reflita sobre os seguintes problemas de nossa crise de liderança relacionados ao caráter:
>
> - ✓ Líderes carismáticos sem caráter;
> - ✓ Líderes talentosos sem convicções;
> - ✓ Líderes poderosos sem princípios;
> - ✓ Líderes intelectuais sem moralidade;
> - ✓ Líderes visionários sem valores;
> - ✓ Líderes espirituais sem consciência.
>
> (MUNROE: 2015, 25)

CAPÍTULO 5. PRINCÍPIO #4: UNÇÃO

Não são apenas princípios materiais e ferramentas e técincas que ajudam na liderança. Um ponto importantíssimo é a espiritualidade do líder, ou seja, a unção de Deus. Sem ela, não há técnicas nem cursos que tragam o sucesso. A unção não pode ser comprada nem adquirida em Workshops, muito menos em livros e palestras. Ela vem de Deus e, sendo assim, deve ser buscada nEle.

A unção é o proposito divino em nossas vidas. Tem a ver com separação para determinados cargos e funções que Deus estabeleceu para que executemos. Um líder que deseja fazer a obra de Deus não resistirá sem a oração, pois é através dela que recebemos poder de Deus para lutarmos contra os inimigos espirituais que se opõem a obra (Ef.6.12). Por isto, já diziam os antigos: "Muita oração, muito poder; pouca oração, pouco poder; nenhuma oração, nenhum poder". A espiritualidade do líder, enquanto vida com Deus é crucial para o seu sucesso. Jesus venceu porque vivia em oração. Mesmo sendo filho de Deus, não abriu mão de passar tempos falando com o Pai. Se você conhece um líder que não ora, então você conhece um líder sem unção.

Ter uma mente ungida é fundamental para o líder. Seu pensamento precisa ser ungido a fim de que possa desempenhar tarefas excepcionais.

Ter a unão de Deus em sua vida significa que muitos costumes e vícios devem ser abandonados. Devemos deixar principalmente coisas, pensamentos e falas que não agradam a Deus.

Para ter uma mente ungida, proponho que nunca mais digas as seguintes frases:

Nunca diga "eu não posso", pois diz a Palavra de Deus que posso todas as coisas naquele que fortalece" (Fl. 4.16)

Nunca mais diga "eu não sei", porque nós, temos a "mente esclarecida" (2 Pd.3.1)

Nunca mais diga "eu sou fraco", pois em diz a Bíblia "Diga o fraco eu sou forte" (Jl. 3.10)

Nunca mais diga "eu não tenho", pois o teu Deus é "o dono do ouro e da prata (Ag.2.8)

Nunca mais diga "sou fracassado", porque em "Cristo nós somos mais do que vencedores" (Rm.8.37)

Ao invés de pronunciares quaisquer destas palavras negativas, aprenda recitar texto sagrados que te ajudarão a vencer todos os obstáculos da tua vida.

O que dizemos tem poder e determina para onde estamos e para onde iremos. Por isto é crucial que vigimos com o que dizemos, pois a boca fala do que está cheio o coração.

Entretanto, para obter esta unção é preciso, além de uma vida em oração, se estar atento a certos princípios espirituais, pois a unção nada mais é que um poder sobrenatural que capacita o cristão a desenvolver determinadas tarefas. Sendo ela proveniente de um Deus que age e possui seus princípios, ela tem possui princípios fundamentais.

A unção está intimamente ligada à *autoridade espiritual* que por sua vez, está descrita em Rm. 13.1-7, onde o apóstolo Paulo descreve o poder das autoridades no exercício dos seus governos.

Para alguns crentes não há nesse texto, nada mais do que uma questão de se obedecer às autoridades políticas, mas, uma visão mais aprofundada como a do Pr. Watchman Nee, pode nos ajudar a entender estes texto como um dos principais na espiritualidade de um líder. Nee acredita que exista um princípio espiritual contido neste texto, segundo o qual, a benção "passa" hierarquicamente, de acordo com a situação, de cristãos a cristãos, sobretudo, através da imposição de mãos.

Segundo Nee, toda a obra de Deus baseia-se na autoridade divina. O seu trono está baseado nela, o mundo está baseado nela e a própria Igreja baseia-se na autoridade concedida por Cristo (Mc. 16.1).

O contrário dela, ou seja, a quebra da autoridade é rebeldia e satanás é o seu principal agente. Logo, todos os rebeldes, ou seja, que não respeitam as suas lideranças, também não podem liderar, afinal, como diz o ditado "quem não sabe obedecer, jamais saberá mandar".

Contudo, se você já lidera e já estabeleceu autoridades, ou seja, liderados seus que cumprem o que foi lhes atribuído, jamais desmereça-os ou rebaixe-os na frente daqueles que lhe devem obediência. Lembre-se ao quebrar autoridade de um líder seu diante dos seus liderados, você passará uma mensagem muito clara: "autoridades são feitas para serem quebradas" e não demorará muito até que eles quebrem a sua.

Dica importante: Uma vez que você estabeleceu autoridades, ou seja, liderados seus que cumprem o que foi lhes atribuído, jamais desmereça-os ou rebaixe-os na frente daqueles que lhe devem obediência.

Muitos líderes pecam porque chamam a atenção de seus colaboradores na frente de seus liderados, ou apoiam as reclamações de alguém que ele mesmo instituiu e colocou para liderar. Ora, quando um líder faz isto ele está lutando contra si mesmo, ele está desmerecendo a sua própria autoridade, pois afinal foi ele quem colocou aquela pessoa naquele cargo.

O melhor que se tem a fazer é ouvir as reclamações, dar um feedback a respeito alertando de que você irá fazer algo a sobre o ocorrido e, depois, a sós, conversar com o(a) líder procurando ouvir a sua versão; após o apurado, se for o caso, então repreenda-o(a) e, o corrija, mas sempre em particular.

Se não tiver solução, ou se o problema continuar, destitua-o do cargo que você colocou, mas enquanto ele(a) estiver ocupando o cargo, você precisa respeitar a sua autoridade, porque na verdade a autoridade que está sobre ele(a) é a sua e, como Disse Jesus "um Reino não pode resistir se estiver dividido".

Por outro lado, também não se engane, o fato de se ter de prestar obediência aos líderes não conferem a estes um poder absoluto, pois toda liderança deve estar pautada na autoridade moral, que por sua vez se relaciona intimamente ao caráter. Logo, ninguém estará obrigado a estar debaixo da autoridade de um líder que não possui o caráter como um princípio.

Muito se fala sobre a **autoridade espiritual,** mas nos esquecemos que, na verdade, ela só pode funcionar se estiver ligada à **autoridade moral.** A autoridade moral é que confere ao líder o poder para poder direcionar pessoas, pois ele se coloca como exemplo do que fala.

Veja o caso de Jesus, Ele possuía autoridade espiritual, expulsava demônios e repreendia tempestades, mas também possuía autoridade moral. "porque ele as ensinava como quem tem autoridade e não como os escribas" (Mateus 7:29).

O que fazia de Jesus um líder por excelência era o fato dele possuir autoridade espiritual, por ser ungido por Deus (Is 61), mas também possuir autoridade moral. Ele não era como os fariseus que ensinavam, mas não praticavam. Por tanto, não se submeta a uma liderança que não possua o caráter como princípio, que não possua moral como direcionamento, pois esta não é uma liderança genuína, é, na verdade, apenas o uso de um cargo ou título por uma pessoa para se beneficiar e manipular pessoas.

Mas como podemos identificar uma liderança autêntica? Uma

liderança que possua unção, Autoridade Espiritual e caráter, Autoridade Moral? A seguir trago alguns pontos que podem ajudar a você não apenas como identificar uma liderança autêntica, como examinar a si mesmo para saber se é ou não uma autoridade verdadeiramente estabelecida por Deus. Passemos agora a analisar os princípios da autoridade:

10 princípios da autoridade:

1. Ordem;
2. Produtividade máxima;
3. Proteção;
4. Preservação;
5. Defesa;
6. Segurança;
7. Promoção;
8. Liberdade;
9. Identidade;
10. Realidade;

A autoridade também baseia-se em princípios. Aquele que a exerce deve ter cuidado para não feri-la. Os 10 principios elencados acima, servem justamente para isto. A ordem estabelece a autoridade, pois toda autoridade baseia-se nela. Sem ele o caos é instaurado e produtividade, que é próximo item não pode surgir.

Uma vez estabelecidas, temos a proteção. A verdadeira liderança protege. Ela nunca expõe seus liderados, ela cuida, protege e ampara.

Se o líder não se preocupa com o bem-etar dos seus liderados, então sua autoridade é ilegítima, na verdade é frito de um pensamento manipulador que apenas quer usar seus lideados. Quem recebe sem nada dar em troca, não exerce uma liderança autêntica.

Se a liderança não promove seus liderados, ou seja, ela os diminui a fim de causar sempre um sentimento de dependência, então esta também não é uma liderança autêntica.

Uma liderança autêntica deve promover a emancipação dos seus liderados não a dependendencia.

10 Sinais de uma falsa autoridade

1. Domina as pessoas;
2. Da poder além das pessoas;
3. Oprime as pessoas;
4. É o dono das pessoas;
5. Obrigam as pessoas a fazerem o que eles querem;
6. Manipulam as pessoas;
7. Restringe as pessoas;
8. Submete as pessoas;
9. Usa as pessoas para Benício próprio;
10. Usa as pessoas para se autopromover.

Como se pode ver, a autoridade não pode ser confundidade com dominição e manipulação. Muitos liderados erram ao submeterem a pessoas assim, muitos líderes erram porque este foi o modelo de liderança que foi cultivado na mente deles.

Assim, ao se tornarem líderes, reproduzem nos outros, os traumas que vivenciaram com líderes autoritários e manipuladores.

Diferença entre Autoridade e Poder

• Poder é a habilidade de causar uma ação, mover coisas, fazer acontecer;
• Autoridade é O direito legal para se usar o poder (é mais importante que poder, pois o poder sem autoridade é ilegal) Todo mundo quer poder, mas ninguém quer autoridade. Diriam alguns: "Deus me dá poder!", mas esta oração e está errada, pois quando pedimos a Deus poder, na verdade ele concede-nos autoridade.

Conclusão

A unção é um dos sete princípios fundamentais da vida do líder. A oração é a chave do sucesso de cada um que quiser estar à frente de pessoas. Não devemos abrir mão dela assim como não abrimos mão do oxigênio para viver.

A unção se traduz em autoridade espiritual e moral. Ela age no interior, mas transborda em nossas ações. Infelizmente há muitos que pensam que são capazes de liderar sem ela. O resultado já sabemos, sofrimento e desabores na obra. Como alguém já disse: é melhor um púlpito vazio, do que um obreiro vazio nele.

> Reflexão:
>
> - ✓ Você tem consciência de que existe uma unção de liderança sobre a tua vida?
> - ✓ Você respeita as lideranças que estão sobre você?
> - ✓ Como líder, você alguma vez você já quebrou uma liderança que você mesmo instituiu?

CAPÍTULO 6. PRINCÍCPIO #5: CRITÉRIO

Na difícil arte de liderar, você terá que julgar constantemente ações e avaliar pessoas o tempo todo. Por exemplo, na hora de premiar boas ações, distribuir promoções ou mesmo na divisão dos ônus, é preciso que se deixe claro quais critérios você usa, sejam eles quais forem: antiguidade, capacidade, idade, formação, assiduidade, comprometimento etc.

As pessoas podem discordar das suas ações, mas jamais poderão dizer que você não tem critérios nas mesmas.

A seguir abordaremos alguns critérios que você poderá estabelecer em sua liderança na hora de tomada de decisões necessárias em que você precisará de parâmetros para as suas avaliações.

Benesses e Punições

Como se pode ver, ter critérios é fundamental na vida de um líder. Ninguém gosta de ser liderado por alguém que não possui critérios para as suas tarefas porque tais pessoas agem cada hora de um jeito, de modo que se torna impossível poder trabalhar com elas, uma vez que não se sabe como agradá-las ou agir corretamente. Ou seja, nunca se sabe como ela responderá a determinados fatos.

A seguir, gostaria de elencar algumas Perguntas importantes que um líder deveria fazer na hora de escolher seus critérios, eles o ajudarão na tomada de decisões importantes em seus trabalhos e mostrarão àqueles que são seus liderados que ele possui clareza nas suas ações, e que não está perdido em suas atitudes, agindo cada hora de uma maneira, variando de acordo com a situação e de pessoa para pessoa.

Quais são os critérios escolhidos por você na hora de dar uma promoção? Eis abaixo três tipos de critérios de escolha:

a. Antiguidade;
b. Merecimento;
c. Capacidade intelectual;

Veja que os critérios estabelecidos por você devem nortear a sua escolha a fim de não receber críticas do tipo: Você escolhe de acordo com as preferências pessoais ou por indicação de terceiros. Proteja a sua liderança destas críticas cercando-se destes cuidados antes de escolher quem será beneficiado. Saiba que os critérios que você escolhe nortearam o tipo de pessoas que estarão ao seu lado. Se você escolhe a antiguidade em primeiro lugar é porque você prima pela experiencia, por aqueles que já fazem uma atividade por muito tempo, isto é bom, mas você deixará de fora os mais novos, ainda que mais capazes, uma vez que a capacidade foi colocada por você em último lugar.

Veja bem, os critérios elencados não bons, nem ruins em si mesmos, apenas são específicos para o tipo de tarefa a ser desenvolvida. Pense bem antes de escolhê-los, uma vez escolhidos deverão ser seguidos ou então você será visto como alguém sem critérios.

A disciplina é muito importante dentro de qualquer tipo de grupo. Ela serve, sobretudo, para manter a casa em ordem e a equipe motivada. Ela não deve ser aplicada por maldade ou ao bel prazer de quem de lidera, negativo. Ela deve ser elaborada antes e deve ser explicitada para que todos(as) saibam como que você espera que se comportem. Vamos ver agora alunges dos critérios para aplicação de uma disciplina.

☐   Tais critérios para a disciplina podem ser:

-Histórico pessoal;
-Gravidade;
-Antiguidade;
-Reincidência;

Veja neste caso que a disciplina e cerceamento devem ficar claras na hora de serem aplicadas, se for o caso. Assim você evitará o erro de cometer injustiças com seus liderados na hora de aplicá-las, tipo a de se disciplinar alguém com rigor extremo quando outras pessoas já cometeram o mesmo erro e não sofreram sanções na mesma medida.

Um ponto importante é saber diferenciar e discernir a igualdade e a equidade[3]. Observe que muitas vezes na hora de tratar as pessoas que

---

[3] Definição: apreciação, julgamento justo. Respeito à igualdade de direito de cada um, que

estão de baixo da nossa liderança, erramos ao evocar o conceito de igualdade ao dizer:

> *"Aqui todos são tratados de forma igual, não há preferência ou escolhas por 'a' ou 'b'!"*

Agindo assim, acabamos por aplicar disciplinas severas em pessoas que, em vista de outras, mereceriam disciplinas mais brandas, por exemplo, quando aplicamos uma disciplina a um liderado(a) que nunca cometeu uma falta, da mesma forma que outro que já cometeu erros diversas vezes, não estamos aplicando a justiça, pois isto não é justiça, mas injustiça.

Isto se dá porque, em muitos casos, o líder tem a impressão equivocada a respeito do que significa sermos todos iguais, quando na verdade não o somos. É claro que, na condição de seres humanos, somos iguais, no entanto, ainda que nós existamos também como seres coletivos, nossa individualidade é grande e não pode ser desprezada, pois até Deus nos trata como seres únicos.

Portanto, somos diferentes uns dos outros, seres únicos, o que quer dizer que o líder deve compreender os seus liderados a partir da sua vivência e experiencia individual.

É por isto que na hora de se exercer qualquer tipo de julgamento, o conceito de justiça no qual todos devem ser tratados de forma indistinta, não nos ajuda muito. É que o conceito de justiça deve ser colocado ao lado de um outro conceito muito importante, mas muito pouco falado que é o da equidade.

Por equidade entende-se que:

> Devemos tratar de forma diferente pessoas diferentes

---

independe da lei positiva, mas de um sentimento do que se considera justo, tendo em vista as causas e as intenções.

Por que o diferente deve ser tratado de forma diferente? Primeiro porque, como dissemos, as pessoas, de fato não são iguais, e segundo, porque podemos considerar ou entender interesses individuais diferentes, considerando o problema da desigualdade como fundamental para um bom julgamento.

Somos diferentes, não nascemos iguais, não temos as mesmas oportunidades, não somos influenciados pelas mesmas coisas. Isto torna impossível querer que todos vivam de modo igual. Entretanto, somos todos humanos, seres vivos, oscilamos em mesma conservação (vida), bem-estar (mal-estar), felicidade (infelicidade) e o direito de ser. Acima de tudo temos direitos de ser tratados como iguais. Veja, este tema não é fácil e julgar é uma tarefa muito complicada.

A Justiça opera com a igualdade, ao lado da equidade, que por sua vez lida com a diferença. Ambas devem andar juntas e serem equilibradas na balança do julgamento do líder que deseja agir de acordo com princípios justos.

Não é por acaso que justiça e equidade sejam atributos de Deus. Ele diferencia cada um de nós e nos trata como seres únicos e capazes de receberem o seu amor de forma pessoal. Deus nos trata como indivíduos, conhece as nossas necessidades, nossas diferenças, aspirações e paixões.

> *"Mas acerca do Filho: O teu trono, ó Deus, é para todo o sempre e: cetro de **equidade** é o cetro do seu reino. Amaste a **justiça** e odiaste a iniquidade; por isso, Deus, o teu Deus, te ungiu com o óleo de alegria como a nenhum dos teus companheiros."*(grifo nosso)

(Hebreus 1:8 e 9)

Mas ao mesmo tempo Ele também nos trata como iguais. Diante dEle, somos realmente iguais, no sentido de que nos oferece oportunidades iguais, deu o Seu Filho Unigênito, igualmente, para salvação de todos, não importando a nossa condição racial, social, cultural ou qualquer outra. Mas ao mesmo tempo, Deus nos trata indivíduos e cuida de nossas necessidades especificas como seres únicos.

O desafio da liderança, como se pode ver é grande, se quisermos sermos parecidos com Jesus, temos que imitar a Deus em nossas ações e assim aplicarmos a justiça e equidade sempre que possível.

Fazendo assim você saberá tratar de forma diferenciada aqueles que nunca erraram com você, que estão sempre ao seu lado e lhes são caras, de outros menos compromissados. Em outras palavras seria a máxima: "tratar igualmente os iguais e desigualmente os desiguais na medida em que eles se desigualam".

> Reflexão:
> - ✓ Você tem agido baseado em critérios?
> - ✓ Os critérios que você escolheu são justos?
> - ✓ Os critérios que você escolheu são possíveis de executados?
> - ✓ Os critérios que você escolheu são claros?
> - ✓ Você trabalha a justiça ao lado da equidade?

CAPÍTULO 7. PRINCÍPIO # 6: OBEDIÊNCIA

Prime pela Obediência. Quem não sabe obedecer jamais saberá mandar. Observe que as pessoas desobedientes são insubmissas e ingovernáveis. Não gostam de obedecer a ordens, e por isto não aprendem com as próprias limitações do cargo. O problema é que quando essas pessoas assumem alguma liderança são intransigentes, e insensíveis, mandam que se faça coisas absurdas porque nunca souberam o preço da obediência, são cruéis porque nunca sentiram a dificuldade da sujeição.

Enfim, como nunca entenderam o porquê de obedecer, não sabem que o cumprimento de tarefas não é determinado porque um líder 'MANDA", ou quer fazer algo, mas sim porque é o certo a ser feito. Quando Deus chama alguém

Quanto a obediência, não podemos deixar de frizar o que tenho aprendido ao longo destes tempos de ministério: a nossa relação com os homens, geralmente refletem nossa relação com Deus. Veremos a seguir como a obediência a um chamado pode ser decisiva no sucesso de um líder ou determinar o seu fracasso, pois o priemiro passo da liderança é a compreensão de que se foi chamado por um motivo e propósito.

> Deus chama Líderes!

Deus chama a todos os homens para exercerem o ministério. Muitos são chamados, mas poucos são os escolhidos. O chamado de Deus e uma ação especifica dEle no sentido de habilitar a alguém para exercer uma determinada tarefa ou função, como vimos na capítulo 7, em que tratamos sobre a unção.

Entretanto, existem certos aspectos que podem determinar ou influenciar a chamado do líder de uma forma específica. Isto quer dizer que a chamada ministerial não é igual, ou não se dá mesmo forma para todas as pessoas.

Cada um de nós tem uma chamada e cada um de nós foi chamado de um modo, este modo está intimamente relacionado com as circunstâncias das nossas vidas, com o modo com que nos relacionamos, nossas experiências, nossas raízes, sobretudo, nossas histórias.

Nesta seção, a fim de compreendermos a obediência ao chamado, iremos abordar os principais fatores que podem influenciar na chamando do(a) líder, bem ajudar na compreensão de certos erros cometidos por líderes que não compreenderam ainda as formas e circunstâncias sobre as quais foram chamados, sabendo que, se alguem não compreende a sua chamada, jamais poderá desenvolver satisfatoriamente aquilo para o qual foi chamado.

A INFLUÊNCIA DO CHAMADO

Existem fatores que explicam em muito, a forma pela qual desenvolvemos o nosso ministério, isto porque cada um de nós tem um modo diferente de ser, agir e pensar, somos pessoas únicas no universo e, por isto mesmo, Deus nos chamou para que, desta forma pudéssemos contribuir com as nossas experiências naquilo que for útil.

Estes fatores estão intimamente ligados ao ambiente social no qual estamos inseridos, a nossa história, quem nós somos, e o modo como nós nos posicionamos em relação a nossa chamada. Se não vejamos:

a. A influência do Meio

O meio ambiente em que estamos é um fator importante em nossa chamada. Na Bíblia temos vários exemplos de como o ambiente em que os heróis da fé viveram foi muito importante, ou se não decisivo para a chamada por Deus.

Davi era pastor de ovelhas e, com certeza, ao compor o salmo 23 ele usou a sua experiência para ilustrar o amor de Deus como o amor que um pastor sente por suas ovelhas. Amós era vaqueiro e sua profissão influenciou a sua profecia.

Entretanto, não podemos ser fatalistas no sentido de acharmos que o a influência do "meio em que se vive" é tudo. Agindo assim seriamos preconceituosos e fatalistas, pois até Jesus foi prejulgado por ter nascido em Nazaré, uma cidade pobre e de origem duvidosa, situado ao noroeste de Jerusalém.

É Claro que o meio no qual estamos inseridos, vivemos e crescemos tem influência sobre o nosso comportamento, porém, o ser humano é dotado do livre-arbítrio e, portanto, pode escolher como conduzir a sua vida e tomar as suas próprias decisões.

b.   A influência da formação

A formação não pode ser desprezada. Muitos líderes acreditam que a formação virá depois da chamada, mas quando vemos alguns exemplos na Bíblia, compreendemos que não é bem assim. A formação do Apóstolo Paulo foi crucial no seu ministério. Culto, estudioso, aplicado e zeloso, usou todo o seu cabedal de conhecimento na obra de mestre.

Nenhum outro apostolo, pelo menos até onde sabemos, teve tanta cultura e conhecimento quanto Paulo. Antes de se converter ele já possuía uma carreira promissora entre fariseus da época. De fato, Paulo, após a sua conversão, usou muito do que já possuía para evangelizar os povos, principalmente aqueles que conhecia também, quanto a cultura grega, a ponto de disputar com filosogos na Ágora, lugar de debates políticos e filosóficos nas cidades gragras.

Isto quer nos mostrar que o preparo material do líder é fundamental. Ele precisa estar se reciclando, estudando e buscando se capacitar cada vez mais. Do contrário irá estagnar no tempo, seus conceitos envelhecerão como roupas rotas e seu pensamento será absoleto diante dos novos desafios (Rm 12.2).

c.   A influência da História

Todos nós temos uma história. Ela explica quem somos. Um Lider jamais poderá esquecer-se de onde veio e o que ele era, pois como a Bíblia assevera "Tudo coopera para o bem daquele que ama a Deus". A história de Paulo o seguiu por toda a vida e continuou mesmo depois que ele se foi, pois ainda é contada e recontada através dos séculos.

Não supervalorize o passado, não vida dele, nem nele, mas também não o menospreze, você é o somatório de tudo que lhe aconteceu. Uma pessoa sem história é uma pessoa sem futuro, e uma pessoa sem futuro não tem amanhã, não tem direção e como não sabe para nem de onde veio, nem para onde vai, não poderá guiar ninguém.

d. A resposta do Homem

Finalmente, nada disto seria válido se aquele que for chamado por Deus não quiser dar crédito à voz do Eterno e seguir os seus passos. Temos exemplos de homens que tiveram todas as oportunidades para ter um ministério próspero, porém fracassaram no meio da jornada. Tiveram boa educação, famílias estruturadas e estudaram em ótimas escolas, porém, eles não quiseram aceitar a chamada. Recusaram-se a fazer a obra de Deus. A resposta positiva do homem, como o profeta Isaías é o fator de sucesso mais importante para o sucesso ministerial do obreiro.

É por isto que vemos muitas pessoas cheias de potencial, mas que fracassaram na liderança. Ter potencial não basta, ter preparo também não. O que é preciso é ter o desejo de liderar e conduzir vidas descobrindo em cada uma delas a sua melhor versão.

A chamada de Jesus Cristo para o trabalho em sua obra tem dois termos: o específico e o comum. A chamada de natureza comum é aquela que refere-se ao corpo de Cristo, o qual por sua vez, é composto por muitos membros e, que, portanto, todos devem contribuir para o seu desenvolvimento e edificação do corpo, ou seja, da igreja. Apesar de cada um possuir uma função, cada cristão desempenha, de certa forma, as mesmas funções contribuindo para com a contrução da parte do todo.

A chamada de natureza específica é aquela que, mais do que a participação de todos, precisa contar com a existência de distintos ministérios que serão exercidos de acordo com as diversas chamadas, segundo o propósito de Deus. Geralmente, tal chamada é marcada por acontecimentos extraordinários que denotam a especificidade do ministério a ser desenvolvido. Veja o exemplo neotestamentário de Paulo a caminho de Damasco (At 9:1-22); de Isaias e a Glória de Jeová (Is. 6:1-5) e de Moisés (Êx 3:2-10) todos desenvolveram grandes obras.

Nesse sentido, a instrução é parte fundamental do preparo do líder. Para aqueles que querem levar sua chamada até o ponto do ministério, seguem algumas colocações que julto serem fundamentais para uma liderança ministerial.

Muitos obreiros ignoram este aspecto e por isto desenvolvem um trabalho precário e muitas vezes infrutífero. Eles se esquecem do fato de que os grandes homens de Deus também tiveram um período de preparo para que pudessem cumprir o chamado. Moisés preparou-se no palácio, Davi preparou-se no campo, Paulo preparou-se no deserto e Jesus no monte. Sem preparação não há milagre assim como sem consagração não pode haver a ação sobrenatural de Deus.

Entretanto, apesar da chamada ser ampla, nem todos podem ter uma chamada específica, ou seja, fazer parte do ministério. Existem pré-requisitos necessários para aqueles que desejam compor este grupo. Estes pré-requisitos são de âmbito moral, intelectual, material e espiritual.

a. Moral

A boa reputação, ou seja, a conduta moral é indispensável ao desempenho do ministério. O testemunho e as ações são mais importantes do que a pregação falada, logo um obreiro deve primar pelo seu nome.

b. Intelectual

Dispensa-se comentar este aspecto, uma vez que compreendemos que um obreiro deve estudar constantemente, e procurar aperfeiçoar o seu chamado. Infelizmente muitos são os que pensam que não precisam mais estudar, porém, quem assim age não progride nem cresce no conhecimento (Lc. 2.52).

c. Emocional

Um obreiro não pode ser menino em suas emoções. Ele precisa ter maturidade para suportar as adversidades da vida, ser temperado frente aos problemas que se interpõem à frente daqueles que buscam fazer a vontade de Deus. Ou seja, não pode ser alguém descontrolado emocionalmente, sem domínio próprio e temperança (Gl. 5.1)

d. Material

Os recursos materiais não podem ser desprezados. O dinheiro não é tudo, mas sem ele a obra não pode ser feita. A formação demanda tempo e, muitas vezes, investimento financeiro. Um presbítero, por exemplo, não pode ser avarento (I Tm 3.3).

e. Espiritual

Finalmente, ser espiritual é mais pré-requisito ao obreiro do Senhor. Se a obra de Deus é uma obra espiritual, logo, deve ser realizada por homens espirituais sobre os quais a unção do Todo Poderoso esteja presente, afinal, é "melhor um púlpito vazio, do que um homem vazio em cima do púlpito".

Conclusão

A obediência a Deus é fundamental para a liderança, e sendo assim, todo líder deve ter a humildade e obedecer, de estar deabaixo da liderança de alguém. Isto é salutar e traz experiencia e respaldo moral.

Sem a experiencia da obediência o exercício do mando se torna vazio e infrutífero.

> Reflexão:
>
> ✓ Você se considera uma pessoa obediente?
> ✓ Qual é a importância dela para você em sua vida?

CAPÍTULO 8. PRINCPIO # 7: AMOR

A verdadeira liderança é expressa pelo amor, quem não ama não pode liderar, porque a verdadeir lideranã é um ato de amor. Ela pode ser chefe, pode ser gerente, só não pode liderar pessoas, porque para se liderar te, de se pagar um alto preço e ele se baseia não no dólar, nem no real ou Euro, ele se baseia no amor ao próximo. É ele que impele o líder a se doar, a dar o melhor de si, dedicar seu tempo, esforço e trabalho. Não existe outro motivador que não seja o amor.

Jesus é o nosso maior exemplo de liderança porque era movido pelo amor (Lc. 7.32). Ele amava as pessoas com profunda compaixão, portanto, a marca de um líder e a medida com que ele ama aqueles que estão de baixo de sua liderança.

Ainda sobre o amor, quero frisar mais algumas características importantes que nos ajudam a entender o amor como um princípio para a liderança, segundo Ítalo Fernando Brevi, em sua obra "dicionário bíblico", p. 6:

- O amor foi o primeiro mandamento (Dt. 6.5);
- Amamos porque Ele nos amou primeiro (Os 9.10; 1 Jo 4.19);
- O amor imenso de Deus se manifesta na cruz de Cristo (Jo 3.16);
- O amor a Deus implica obediência à vontade de Deus (Dt. 5.8-10);
- O amor a Deus implica em desapego ao mundo (Mt 6.24);
- O amor a Deus implica em amar a Jesus (Mt 10.37; Jo 14.21- 23; 1 Co 16.24; Fl. 1.21-23; At. 5.41);
- O amor ao próximo, junto com o amor a Deus, resume a Lei e os Profetas (Lv 19.16- 18; 1 Ts 4.9-12; Gl. 5.13-15; Rm 13.8-10);
- O amor é o "nó" da perfeição (Cl 3.14);
- O amor apaga os pecados (1 Pe 4.7-11).

O amor é a essência da liderança. E nenhum líder pode exercer tal tarefa sem subir o degrau ao lado:

OS QUATRO DEGRAUS DO AMOR

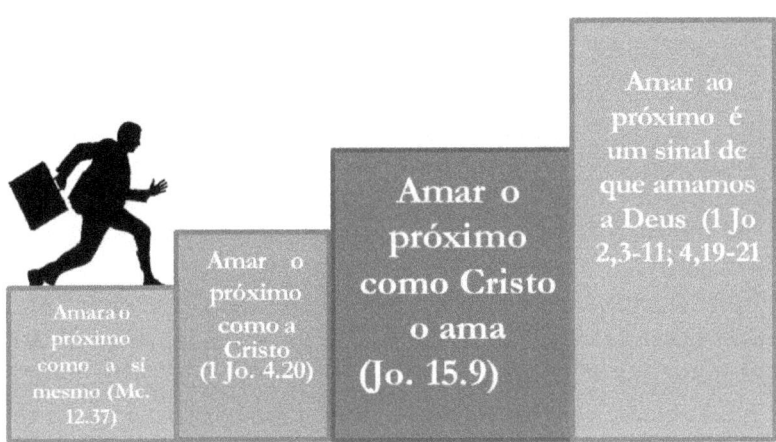

Observamos que a escada do amor não é nada fácil e muitos nem o primeiro degrau conseguem alcançar, ainda que este seja o primeiro mandamento. Contudo, amar não é fácil, mas é possível.

Ame as pessoas e suas diferentes personalidades, ame estar com elas fazer com que se desenvolvam. O amor te levará a entender cada problema ou dificuldade tornando-as pessoas melhores.

A prática do amor no relacionamento torna o líder uma pessoa mais humanizada, mais sensível e mais altruísta. Lidar com capital humano vai além de apenas números, regras e padrões comportamentais, não existe conta exata, não existe um dia igual ao outro, não existe fórmula secreta para resolver tudo.

O processo do aprendizado é constante e o crescimento do líder só se dá no no contato com Deus, dia a dia na escada do amor.

Se um líder quiser chegar mais perto de Deus precisará se aproximar dele através do amor. Ame e serás um grande líder nas mãos de Deus!

Muitas vezes, a tarefa da liderança é solitária e o desejo de parar, desisitir e abandonar o barco será grande. Nestes momentos somente o amor será capaz de nutrir os seus sonhos e expectativas. Só um líder que se sente amado por Deus, poderá amar outras pessoas.

Isto me faz lembrar uma fábula que eu contava histórias para os meus filhos, na hora de fazê-los dormir. Tais histórias serviam não apenas para embalar-lhes o sono, mas também para incutir em suas pequeninas mentes, o amor de Deus de forma lúdica e prazerosa, a fim de que não se esquecessem jamais das lições contadas à beira do berço em cada noite de seus primeiros anos de vida.

Uma delas que eu contava era mais ou menos assim:

"Era uma vez um peixinho que não sabia nadar. Conta a lenda que, no fundo do Oceano azul, havia um lindo peixinho colorido, porém triste o qual, apesar da bela aparência, recusava-se terminantemente a sair com os cardumes de amigos em expedições pelo Oceano em busca de coisas novas e divertidas próprias da juventude dos peixes.

O peixinho passava os dias no fundo do mar, triste e escuro e de lá não saia.

Preocupada, a sua mãe conversou com a pai do peixinho sobre o problema e aconselhou-o a falar com o pequeno. O Pai então aproximou-se do peixinho, e perguntou-lhe o porquê de ele nunca sair o fundo do mar. O peixinho então explicou o motivo ao pai dizendo que nunca saia do fundo por um motivo muito simples, ele não sabia nadar!

— Não sabe nadar? Perguntou o pai assustado, — como pode? você é um peixe, logo tem que saber nadar! Completou o pai com cara de bravo.

Mas não adiantou explicar e brigar com o peixinho. Ele continuava no fundo e insistindo que, apesar de fisicamente igual a todos os outros peixinhos, ele não sabia bater as bartanas.

Um dia, a dona Baleia, faminta e gorda, ao engolir sem mastigar as algas da profundezas do oecano, engoliu o pobre peixinho que não sabia nadar. Sozinho, ali no interior da baleia, imaginou um plano para sair de lá: coçou o céu da boca da baleia fazendo bastante cócegas até que ela não suportou mais e espirrou todo o seu jantar aquático e junto com ele, o peixinho.

Naquele momento, o peixinho pegou o impulso e bateu as suas barbatanas, foi então que descobriu, que quando mais batia as guelras, mas ele se movimentava para frente. Pronto!

O peixinho começou a nadar e nunca mais parou no fundo do

Oceano."

Mas o que esta fábula pode nos ensinar? Da mesma forma, O Senhor apareceu a Gideão dizendo-lhe que o rapaz era forte e valoroso (Jz. 6.12). Naquele momento de grande aflição por que passava o povo de Israel, Gideão possuía, sem saber, o vigor e a coragem que eram precisos para dar vitória ao povo de Deus.

Muitas vezes, possuímos dentro de nós, em algum canto do oceano do nosso coração, a coragem e a força de que necessitamos para vencer. Deus sabe que somos capazes, pois ele mesmo capacitou-nos (II Co.3.5) para toda a boa obra. O peixinho já sabia nadar porque nasceu peixe, ele só não sabia disto, e você? já se deu conta que é vencedor?

Esta capacidade é amor de Deus que está dentro de nós. Ela cuida de nós memso quando não compreendemos e nos impulsiona na direção do melhor que Deus preparou para nós.

Conclusão

Como vimos, o amor resume tudo. É o princípio que deve nortear as nossas ações. Deve ser o nosso exercício cotidiano e sem ele nada pode ser feito.

> Reflexão:
>
> ✓ Em qual degrau do amor você acredita que esteja agora?
> ✓ O que você pretende fazer sobre isto?

CAPÍTULO 8. ÚLTIMOS CONSELHOS

Os princípios vistos neste trabalho são estreamente fundamentais, no entanto, eu não poderia encerrar esta minha breve contribuição sem compartilhar alguns conselhos que acho necessários para a tarefa de liderar. A seguir falaremos brevemente sobre eles.

Em qualquer área da vida, existem ações que potencializam determinadas situações trazendo crescimento e produtividade. O líder também precisa despertar o seu potencial através de práticas que maximizem os seus resultados. Por último, abordaremos pelo menos três ações que poderão tornar a sua liderança, de fato mais eficaz e produtiva, pois não há nada pior do que trabalhar sem ver o seu fruto gerado.

Muitas vezes isto acontece porque não estamos exercendo ações que possam, de alguma forma, impactar aqueles que estão a sua volta e, portanto, gerando o resultado necessário. Existem, muitas, mas por hora, atentemos a estas:

a. RESPONSABILIZE-SE:

Liderar, em qualquer área na vida é responsabilidade, assumir os erros cometidos é fundamental para quem deseja uma liderança de impacto positivo. Assumir o erro também demonstra o caráter do líder, e, ainda, a nobreza contida na humildade que o de dizer " me desculpe, eu errei".

Assuma quando você errar, não tenha medo das críticas que irá receber por ter se equivocado, é melhor que seus liderados percebam desde logo que você é um ser humano normal que, como eles também comete erros, isto irá demonstrar a eles o que você também esperará deles quando eles errarem.

Nunca é tarde para se reparar o erro cometido, pior é prosseguir mesmo sabendo que não escolheu o melhor caminho a seguir ou que a tática foi um fracasso.

b. SUPERE SEUS LIMITES

A divisa entre o fracasso é o sucesso é a coragem de ir além dos limites estabelecidos, quer sejam físicos, emocionais, econômicos ou de qualquer outra área. A superação dos limites será fundamental para o desenvolvimento de habilidades importantes na liderança. A cada passo e desafio vencido, você perceberá que cresceu, que deu um passo mais além, na direção da descoberta do seu verdadeiro potencial. Como alguém já disse: "O fracasso descobre o gênio; o sucesso esconde-o. Sucesso é a capacidade de enfrentar o fracasso sem perder o entusiasmo" portanto, continue tentando, supere-se!

Às vezes, para que superemos as nossas dificuldades, algo dentro de nós precisa morrer. Existem coisas na nossa vida que parecem boas, e até funcionam por um certo tempo, no entanto elas são apenas moletas, nos apoiamos nelas porque é comodo e prático; e se não caímos, também não saímos do lugar.

Não é esta a vontade de Deus, se não que cresçamos,

que avancemos a cada dia para o alvo da nossa soberana vocação.

Conta a lenda que, um certo aprendiz passou grande parte da sua vida ao lado do mestre, aprendendo com ele os segredos da vida. Quando estava por completar o seu aprendizado, o sábio mestre levou-o em viagem e lhe advertiu de que esta era a última missão a ser aprendida.

A sua aprovação dependia de um teste final que o mestre lhe proporia quando chegassem ao destino.

Viajaram para uma cidade do interior muito distante e pobre e, no caminho, viram uma vaca muito magra, maltratada, cheia de feridas.

Mais adiante, avistaram uma fazenda rodeada por uma cerca velha inacabada e caindo aos pedaços. O mestre convidou então o jovem a visitarem a tal fazenda para conhecerem a realidade dos seus moradores. Lá na fazenda encontraram um senhor maltrapilho e muito velho, uma senhora acamada que não pode atendê-los por estar muito fraca.

Alem disto, a fazenda dava pena. Tudo estava quebrado e sujo e as crianças pareciam muito doentes por falta de uma alimentação correta.

Ao final do dia, o sábio perguntou ao dono da fazenda como eles sobrevivam ali.

O fazendeiro respondeu que dependiam da Mimosa.

— que Mimosa? Perguntaram os viajantes.

—Mimosa é a nossa vaca, ela nos dá o leite que precisamos e nos ajuda a arar a terra,

— Vocês não a viram na entrada? Perguntou o senhor ao sábio e ao aprendiz que espantados ficaram a imaginar como aquela vaca podia dar conta de todo o sustento da fazenda.

Ao cair da tarde se despediram e seguiram viajem.

No caminho encontraram a vaca Mimosa perto de um despenhadeiro e, então, o sábio ordenou ao aprendiz que jogasse a vaca despenhadeiro abaixo, pois este era o seu teste final.

Depois de muito hesitar, o jovem cumpriu a ordem do seu mestre e empurrou a vaca despenhadeiro abaixo matando-a. Entretanto, a culpa de ter feito isto nunca mais o abandonou. Brigou com o seu mestre, pois nunca entendeu o porquê de ele ter o obrigado a fazer aquilo. Então abandonou o velho sábio e foi embora para bem longe.

Anos mais tarde, já formado, o jovem, agora mais maduro, resolveu visitar a família que o havia hospedado anos atrás.

Contudo, ao chegar na fazenda, tudo estava diferente. Havia uma cerca bem-feita, o pasto estava cuidado e a Fazenda toda reformada.

Esta fazenda não pode ser aquela. Pensou o jovem.

— Tudo está tão diferente, esta família, toda bem-vestida e forte não deve ser a mesma.

Eles devem ter comprado a fazenda dos seus antigos moradores, aqueles devem ter morrido de fome, afinal, eu matei a única fonte de sustento que eles possuíam. Pensava o jovem, com medo até de perguntar. Até que tomou coragem e perguntou pela família que morava ali antes deles.

O senhor agora aparentando bem mais novo e forte, ao lado da esposa e filhos crescidos, respondeu que não havia família nenhuma antes deles, pois eles eram os mesmos donos da fazenda e que, inclusive, se lembrava do rapaz, pois o dia em que ele esteve lá foi o mesmo dia em que vaquinha deles morreu.

Nervoso e com medo de ser descoberto o jovem tentou

desconversar, mas já era tarde;

— Inclusive. Disse o fazendeiro. — Nossa vida até mudou depois que Mimosa morreu.

— Os meninos passaram a trabalhar, eu me esforcei mais; fiz um empréstimo, arrumei a fazenda e já paguei minhas dívidas. Construí um roçado e compramos outras vacas para abastecer toda a região! A vida melhorou bastante.

Ao cair da tarde, o jovem se despediu do pessoal da fazenda e envergonhado, lembrou-se do ensinamento do seu mestre. "Foi preciso a vaca Mimosa morrer para vida do pessoal da fazenda prosperar", concluiu o aprendiz.

Sabe, na nossa vida também é assim. Às vezes é preciso que percamos alguma coisa para que possamos progredir, é preciso perder as muletas para podermos dar um salto à frente. Isto ocorre porque nos apoiamos em algo ou alguém, quando na verdade, precisamos entender que precisamos depositar a nossa confiança apenas em Deus.

E você, será que também não possui uma vaca Mimosa que precisa ser morta na sua vida, para que você alcance tudo o que Deus tem para lhe dar? Supere os seus limites!

c. NÃO SE DEIXE DOMININAR PELO MEDO

Só erra quem tenta. As pessoas criticam as que fazem, mas muitas vezes, como alertei no início deste livro, elas não movem uma palha para que as coisas aconteçam. O medo na liderança é extremaente prejudicial porque ele paralisa.

O medo é um dos sentimentos mais destrutivos que o ser humano pode ter. ele nos paralisa e nos impede de lutarmos mesmo antes de termos iniciado uma batalha. O medo é a certeza de um fracasso eminente.

O medo nos empurra para baixo e nos faz sentir mal diante dentro do imenso vazio que habita em nós.

É claro que na medida certa, ele é um mecanismo de proteção criado por Deus para não corrermos perigos desnecessários, contudo, em medida desproporcional ele se transforma em fobia e, por tanto uma doença.

Ter medo dA violência é normal, fobia é não sair de casa. A fobia ou o pavor destrói a alma privando-nos das coisas mais simples da vida.

De repente somos assaltados por pensamentos terríveis, uma sensação de pavor nos rodeia a angústia toma conta do nosso ser. Suamos frio e coração dispara. "A morte é uma questão de horas" pesnamos apavorados.

Certa vez os discípulos também se sentiram amedontrados. Eles estavam em alto mar e enfrentavam uma grande tempestade. Parecia não ter salvação e o barco estava prestes a naufragar (Mt. 14.22-34). Para piorar, em meio à tempestade, eis que surge Jesus, caminhando sobre as ondas do mar.

Calma e serenamente, avisa aos discípulos: não temas, sou eu!

Talvez você também esteja passando por um momento de grande medo: medo de perder o emprego e a família, medo da doença e da morte; medo de estar só e abandonado; medo de fracassar e de perder o que mais ama na vida; medo de que coisas ruins aconteçam a pessoas que você quer bem e até mesmo medo de liderar, medo de viver.

Todos os dias, o medo bate em nossa porta assim como as ondas batiam e chocalhavam aquele barquinho no mar da Galiléia. Entretanto, devemos sempre ter em mente que, mesmo em meio à tempestade, Jesus sempre está presente nos convidando a deixarmos o barco, andarmos sobre o mar e seguirmos em sua direção.

Após ouvir este convite feito por Jesus, Pedro desceu do barco, caminhou sobre as ondas como se fossem sólidas e foi ter com o mestre.

Prezado(a) leitor(a), haja o que houver, não tire os olhos de Jesus, não fique observando o seu medo, ponha eu seu foco em Jesus. Lembre-se, a tempestade não é uma opção, ela, mais cedo ou mais tarde virá, mas ser dominado pelo medo o é. Não deixe que isto aconteça.

d. COMPARTILHE AS SUAS FERRAMENTAS

Na época da Guerra Fria, confronto ideológico entre a URSS e os Estados Unidos da América, no século XIX, se julgava que o segredo era a grande arma.

Acreditava-se que deter a informação era mais importante do que compartilhá-la, afinal, quem detinha a informação, dizia-se à época, possuía vantagens sobre os seus adversários.

Hoje esta lógica está ultrapassada. A informação não é mais um privilégio de quem quer que seja. Todos, de uma forma ou outra possuem a informação que é veiculada na Internet, no seu, smartphone, iPhone etc. Compreende-se que, agora, no século XXI, o segredo esteja em, justamente, compartilhar o conhecimento.

O líder que não compartilha o que sabe ficará sozinho e isolado, afinal, ninguém é o dono da verdade, por isto, o líder que não compartilha não faz o mais importante que é o de instruir o seu grupo a fim de que eles cresçam.

Não queira ser do tipo de líder mágico, aquele que do nada, tira um coelho da cartola. As pessoas não se impressionam mais com isto, liderança não é mágica, é esforço e dedicação, quando você compartilha o que sabe e como chegou a esta ou aquela solução você ao mesmo tempo que demonstra claramente como fazer, também ensina de forma que eles também pratiquem e não apenas sigam os seus passos e assim possam criar novos métodos. Isto com certeza potencializará a ação de forma surpreendente

e. FAÇA A AUTOCRÍTICA CONSTANTEMENTE

A arte de liderar nos impele a seguirmos sempre em frente buscando os nossos objetivos, com isto não nos damos conta de que é imprescindível que o líder pare de tempos em tempos e faça uma reflexão sobre suas atitudes, ou seja, reavalie suas ações, seus acertos e principalmente seus erros.

Para tanto, gostaria de contribuir com algumas perguntas que você deve se fazer periodicamente:

- Eu gostaria de ser liderado por um líder como eu?
- O que as pessoas vêm quando me olham?
- O que eu vejo quando eu me olho?
- Quais erros eu cometi hoje e o que eu aprendi com eles?
- Que tipo de líder eu tenho sido?

Fazer autocritica é olhar-se no espelho da vida constantemente. Sem ter uma visão clara sobre quem eu sou, o qual espelho, eu tenho não tenho como seguir na direção daquilo que realmente fui criado para ser. faça a sua autocritica, antes que as pessoas o façam.

Conclusão

Vimos neste trabalho a importância de se seguir princípios claros para a execução de uma boa liderança. Percebemos que os valores são fundamentais para busca de tais princípios. Juntos, estes *7 **Princípios da Liderança*** são determinantes para uma liderança eficaz.

Serviço, ética, caráter, unção, obediência e amor não são apenas conceitos, nem filosofias, não são apenas teorias, nem muito menos estilos de vida; são mais do que isto. São escolhas, são modos de viver, e a pessoa que os colocarem como balizadores das suas ações, colherão os frutos de uma liderança de sucesso.

Estes princípios não devem ser vistos apenas como conceitos ou dogmas cristãos, posto que, na verdade eles podem e devem ser aplicados na vida profissional, na área corporativa, na vida social e familiar.

Ao chegar ao final deste trabalho, espero que o prezado(a) leitor(a) que me acompanhou até aqui possa ter compreendido a importância destes princípios e a aplicabilidade deles na sua vida cotidiana, de maneira que possa desenvolver a sua tarefa no mundo e assim contribuir para com a construção de um mundo melhor, pois a liderança não é sobre a pessoa do líder, mas sobre como ajudar pessoas, como melhorar a sua sociedade, sua comunidade e os indivíduos que o cercam.

Se você deseja contribuir para um mundo melhor, seja um líder melhor, seja um líder de princípios.

SOBRE O AUTOR

O pastor Júlio César Medeiros é Doutor em História da Ciência e da Saúde, é professor, escritor e visionário. É autor de vários livros que versam sobre a história da escravidão no Brasil.

É professor de História Contemporânea na Universidade Federal Fluminense.

No campo secular é autor de livros como "À flor da terra: o Cemitério dos Pretos Novos no Rio de Janeiro, pela Garamond e Trabalho, folga e cuidados terapêuticos, a sociabilidade escrava na Imperial Fazenda de Santa Cruz, pela editora Prisma e Quijane Kueja, um guerreiro muito capaz, pel Biblioteca Nacional.

Ele também se coloca como um ativista dos Direitos Humanos e as questões raciais no Brasil com vários trabalhos publicados na área.

É fundador do Centro de Capacitação de Obreiros e Líderes (CECOL) que tem formado centenas de obreiros ao longo destes últimos anos.

No campo religioso é autor de livros como: Café com Deus, os primeiros 50 salmos, e Manual da Escola Bíblica Dominical, ambos pela Amazon.

Suas mensagens, assim como os cursos online de liderança são disponibilizados em seu Canal Boa Semente, no Youtube

Atualmente ele serve a Deus na Assembleia de Deus em Bangu, Ministério Madureira.

É casado com a Dcª Cristina Feitosa e pai de três filhos: Matheus, Juliana Dmirtz e Pollyana Feitosa.

BIBLIOGRAFIA

ALMEIDA, Abrahão de. **A missão da igreja e a preferência pelos pobres**, pp. 37-44. In: Obreiro, Liderança Pentecostal. São Paulo; CPAD, Ano 19, n° 2, 1997.

ALMEIDA, **Abrahão de. A missão da igreja e a preferência pelos pobres,** pp. 37-44. In: Obreiro, Liderança Pentecostal. São Paulo; CPAD, Ano 19, n°2, 1997.

ALMEIDA, João Ferreira de. **Bíblia Sagrada.** Ed. Contemporânea.

BARBER, J. Cyril, **Neemias e a Dinâmica da Liderança Eficaz**. Miami: Editora Vida, 1985.

BASTOS, CELSO RIBEIRO. **Curso de Direito Constitucional,** São Paulo, Saraiva, 1978, p. 225.

BINER, Bob. **O método de administração de Jesus.** São Paulo: Mundo Cristão, 1997.

BUCKLAND, Colin. **O Líder de Carne e Osso**. São Paulo: Edições Vida Nova, 2003.

CALIXTO, Reginaldo. **Planejamento Estratégico: A diferença entre o sucesso e o fracasso de sua empresa.**

1ª Ed. São Paulo: Ed. Harbra.

CORDEIRO, Wayne. **Faça de Sua Igreja uma Equipe**. Rio de Janeiro Danprewan Editora, 2002.

COSTA, John Dalla. **The Ethical Imperative: Why Moral Leadership is Good Business.** Reading, Mass.: Addison-Wesley, 1998.

DAKE, **Bíblia de estudo.** Vers. Almeida Revista e Corrigida. São Paulo: CPAD, 2009.

DAVES, Billie. Pessoas, **Tarefas e Alvos.** Campinas: International Correspondence Institute, 1983.

DOUGLAS, J. D. (Org.) **Novo dicionário da Bíblia.** São Paulo; Vida Nova Editora, vol. III.

DOUGLAS, J. D. (Org.) **Novo dicionário da Bíblia.** São Paulo; Vida Nova Editora, vol. III. IBGE (Instituto Brasileiro de Geografia e Estatística) Suplemento Segurança alimentar.

DOUGLAS, J. D. (Org.) **Novo dicionário da Bíblia.** São Paulo; Vida Nova Editora, vol. III. Ed. Harbra.

DOUGLAS, J. D. (Org.) **Novo dicionário da Bíblia.** São Paulo; Vida Nova Editora, vol. III. IBGE (Instituto Brasileiro de Geografia e Estatística) Suplemento Segurança alimentar.

GABY, Wagner; GABY, Eliel. **Planejamento e Gestão**

Eclesiástica. Rio de Janeiro: CPAD, 2012.

GEISLER, Norman L. **Ética cristã: alternativas e questões contemporâneas**. São Paulo: Vida Nova, 2008.

HOCKING David. **As Sete Leis da Liderança Cristã**. 2ª ed. São Paulo: Abba, 1996;

HOLMES, Arthur. **Ética, as decisões morais à luz da Bíblia**. Rio de Janeiro: CPAD, 2008. 160.

HOOVER, Thomas Reginald. **Missões: O Ide Levado a Sério**. 1ª Ed. Rio de Janeiro: CPAD, 1993.

HYBELS, Bill. Axiomas. Máximas da liderança Cristã. São Paulo: Editora Vida, 2009.

_____, Bill. Liderança Corajosa. São Paulo: Editora Vida, 2002.

KASCHEL, Werner; ZIMER, Rudi. **Dicionário da Bíblia de Almeida**. São Paulo: Sociedade Bíblica do Brasil, 1999.

KASCHEL, Werner; ZIMER, Rudi. **Dicionário da Bíblia de Almeida**. São Paulo: Sociedade Bíblica do Brasil, 1999.

KEELING, Michael. **Fundamentos da ética cristã**. São Paulo: Aste, 2008. 224 p. PALLISTER, Alan.

KESSLER, Nemuel. **A Crise de Integridade no Ministério Pastoral**. Rio de Janeiro: CPAD, 2014.

LOPES, Hernandes Dias. Paulo, **o Maior Líder do**

Cristianismo. São Paulo: Hagnos, 2009.

MACARTNEY, Clarence E. (Org.) **Grandes Sermões do mundo.** Rio de Janeiro: CPAD, 2003.

MACARTNEY, Clarence E. (Org.) Grandes Sermões do mundo. Rio de Janeiro: CPAD, 2003.

MACARTHUR, Jonh Jr. **Ministério Pastoral, Alcançando a Excelência no Ministério Cristão.** Rio de Janeiro: CPAD, 2015.

MAXWEL, Johan C. **O Líder 360º.** Rio de Janeiro: Thomas Nelson Brasil, 2007.

_____, John C. **As 21 irrefutáveis leis da liderança: Uma receita comprovada para desenvolver o líder em você.** Rio de Janeiro: Thomas Nelson Brasil, Ed. São Paulo:2007, 1ª

_____, Jonh C. **Bíblia da Liderança Cristã.** Barueri, SP. Sociedade Bíblica do Brasil, 2007.

_____, Jonh C. **Jornada de Sucesso O poder De Viver os Seus Sonhos.** Rio de Janeiro: CPAD, 2012.

MERRIL, Eugene H. **História de Israel no Antigo Testamento: O reino de sacerdotes que Deus colocou entre as nações.** Rio de Janeiro: CPAD, 2001.

MERRIL, Eugene H. **História de Israel no Antigo Testamento: O reino de sacerdotes que Deus colocou** entre as nações. Rio de Janeiro: CPAD, 2001.

MEYER, Joyce. **A formação de um líder a essência de um líder segundo o coração de Deus.** Belo Horizonte, MG: 2006.

MUNROE, Miles. **O poder do Caráter na liderança: como os valores, a moral, a ética e os princípios afetam os líderes.** Rio de Janeiro, Ed. Central Gospel, 2015.

NEE, Watchman. **Autoridade Espiritual.** São Paulo, São Paulo: Editora Vida, 20ª impressão, 2004.

SANDERS, J. Oswald. **Liderança Espiritual.** São Paulo: Mundo Cristão Editora, 1985.

_____, J. Osvaldo. **Paulo, o Líder.** São Paulo: Editora Vida, 2007.

SHEDD, Russell Philip. **O líder que Deus usa: resgatando a liderança bíblica para a Igreja no novo milênio -** São Paulo: Vida Nova. 2000.

_____, Russel P. **Ética cristã hoje.** São Paulo: 2008.

SWINDOLL, Charles. **Liderança em Tempos Crise.** São Paulo: Mundo Cristão, 2004.

WILKES, C. Gene. **O Último Degrau da Liderança.** São Paulo: Mundo Cristão Editora, 1999.

YOUSSEF, Michael. **O estilo de liderança de Jesus:**

Como desenvolver as qualidades de liderança do bom Pastor. Rio de Janeiro: Editora Betânia, S/D.

8. Fontes digitais

http://www.airtonjo.com/historia21.htm
http://www.ebdonline.com.br/estudos/mordomia.htm
http://www.filantropiacrista.org/

OS 7 PRINCÍPIOS DA LIDERANÇA: Comportamentos e atitudes que todo líder deve conhecer

OS 7 PRINCÍPIOS DA LIDERANÇA: Comportamentos e atitudes que todo líder deve conhecer

Lightning Source UK Ltd.
Milton Keynes UK
UKHW010252140223
416945UK00006B/559